L'EXPOSITION

DE TABLEAUX,

OU

LE FAUSSAIRE;

PAR H. DE MOLIÈRE.

> La vie ressemble à une coupe d'eau limpide,
> qui se trouble à mesure qu'on la boit,

TOME SECOND.

PARIS.

FROMENT, ÉDITEUR,

RUE DAUPHINE, N. 24;

MADAME V^e CH. BÉCHET, LIBRAIRE,

QUAI DES AUGUSTINS, N°s 57 ET 59.

1830.

L'EXPOSITION

DE

TABLEAUX.

CHAPITRE IX.

Désapointement.

Onze heures venaient de sonner ; le receveur et son épouse, restés seuls dans le salon, paraissaient ne pas songer encore à se coucher ; et la pauvre Clémentine, regardant avec inquiétude cette contravention à une règle jusqu'alors rigoureusement observée, n'osait pourtant se retirer la première ; elle attendait avec anxiété que l'on voulût bien commencer un entretien qu'elle voyait ne pouvoir plus éviter ; la tristesse empreinte sur ses traits contrastait singulièrement avec l'air de satisfaction répandu sur la physionomie de Rothmann et de Marguerite.

— C'est un aimable et joyeux convive que ce Stéphano ! s'écria enfin Rothmann, impatient d'arriver à une explication décisive.

— Et surtout galant envers les dames ! dit Marguerite.

— Pas également envers toutes, reprit Rothmann; et il regarda sa pupille avec un malin sourire.

Clémentine feignit de ne l'avoir pas compris et garda le silence.

— Quel beau parti pour une jeune fille ! dit Marguerite, qui contenait à peine le désir qu'elle éprouvait de parler plus ouvertement; heureuse celle qui pourra faire impression sur un cœur aussi richement favorisé par la nature !

— Et par la fortune, interrompit Rothmann, car il a bien voulu quelquefois causer avec moi de ses affaires. Savez-vous qu'il possède en Italie de superbes domaines? Leur nom, il me l'a toujours caché soigneusement; le sien même, je gagerais qu'il en fait un mystère, et que véritablement il ne se nomme pas Stéphano. Il est aisé d'ailleurs de voir à ses manières, au train de sa maison, qu'il est d'une noble origine, que la grandeur et l'opulence lui sont familières; nous sommes peut être loin de nous douter de l'importance du personnage que nous avons l'honneur de posséder dans notre petite ville.

— Telle a toujours été à son égard ma façon de penser, reprit Marguerite; et je suis persuadée que ce n'est pas sans motif qu'il nous déguise la vérité.

— Il est certain, ma bonne Marguerite, que, pour agir de la sorte, il faut être guidé par un puissant motif,

— Oh oui! mais vous autres hommes, vous n'y entendez rien; notre sexe, en certaines occasions, pousse plus loin que vous la pénétration ; et j'oserais affirmer que son motif m'est parfaitement connu.

— Vraiment ?

— D'abord Stéphano me paraît être un peu philosophe.

— Je le crois aussi.

— Oui, plusieurs fois il m'a dit que, revenu des vains plaisirs d'un monde faux et perfide, il n'éprouvait plus d'autre ambition que celle de couler des jours heureux et paisibles au milieu d'un petit cercle de vrais amis. Hier encore ne m'assurait-il pas, en s'ouvrant à moi avec la plus entière franchise, qu'il ne manquait à sa félicité qu'une compagne semblable au modèle idéal que s'est créé son imagination; que la crainte seule de voir ses douces illusions s'effacer devant une triste réalité, avait jusqu'alors retenu son cœur aimant et sensible?

— Il te disait cela, Marguerite?

— Je rends ses propres expressions. Eh bien! n'est-il pas aisé de voir que s'il cache si soigneusement un nom sans doute illustre, et sa fortune qui doit être immense, c'est qu'il veut se montrer dépouillé d'un entourage qui pourrait éblouir, c'est qu'il veut être certain qu'on l'aimera pour lui seul, pour ses qualités personnelles, et non par ambition ou par orgueil.

— Oh! plus de doute; c'est bien là le motif qui a dicté la conduite de Stéphano. Veux-tu, Marguerite, que je fasse preuve à mon tour d'une pénétration au moins égale à la tienne?

— Voyons.

— Notre philosophe n'ira pas plus loin que Gueldau chercher le trésor après lequel il soupire.

— Tu crois?

— Son choix est arrêté, j'en suis convaincu.... Clémentine pourrait bien le savoir sans que nous nous en fussions doutés.

Et Clémentine, qui jusqu'alors s'était bien gardée de prendre part à la conversation, voyant qu'on l'attaquait directement, leva sur Rothmann et sur Marguerite ses beaux yeux noirs, avec une expression si touchante, que ceux-ci se sentirent tout émus.

— Mes bons parens, leur dit-elle après un moment d'hésitation, je sais où vous allez en venir ; hélas! oui, la scène qui a eu lieu ce soir, et que Stéphano avait sans doute préparée dès long-temps, n'a que trop confirmé des soupçons que mon cœur se plaisait à repousser....

—Comment! s'écria Rothmann d'un air surpris.

— Ce n'est pas sans dessein que l'on fait à une jeune et pauvre fille un présent aussi riche que celui que l'on m'a forcée de recevoir....

— Que l'on t'a forcée de recevoir ! répéta Marguerite avec trouble.

— Je vous en conjure, ne m'accablez pas de votre colère ; mais.... Stéphano....

— Eh bien ! dit Rothmann avec inquiétude.

— Si vous m'aimez, il ne sera jamais mon époux.

Rothmann et Marguerite se regardèrent interdits.

— Quel mari prétends-tu donc obtenir? demanda brusquement Rothmann qui avait peine à dissimuler sa mauvaise humeur.

— Aucun, s'ils doivent tous ressembler à Stéphano, répondit Clémentine avec fermeté.

— Que trouves-tu donc à blâmer en lui? dit Marguerite.

— Je ne saurais le dire; quelquefois même je m'accuse d'injustice, et cependant do'ù vient, lorsqu'il me regarde, qu'une frayeur subite me fait tressaillir? Pourquoi, à son approche, éprouvé-je une horreur involontaire? Il me semble qu'une voix intérieure m'avertit que je dois le fuir; chaque fois qu'il entre dans cette maison, un sentiment pénible oppresse ma poitrine. Tout cela je le sens, vous paraîtra bizarre, exagéré; mais je ne puis réprimer ce que j'éprouve, et l'idée de la mort me semblerait moins affreuse que celle d'être l'épouse d'un tel homme.

Rothmann tenait ses yeux baissés à terre; il avait été si loin de s'attendre à un désappointement aussi cruel; un mot de Clémentine venait de faire crouler tant de châteaux en Espagne, que sa figure avait pris une expression toute particulière, et il était aisé d'y lire l'indécision de son esprit. Quant à Marguerite, elle était anéantie; cependant ce fut elle qui revint la première: elle se leva, passa son bras autour du cou de Clémentine.

— Dieu me préserve, pauvre enfant, d'avoir jamais la pensée de faire ton malheur!

Une larme coula de ses yeux. Clémentine saisit ce moment, et serrant contre son cœur sa mère adoptive, tandis que, prenant la main de Rothmann, elle essayait de l'attirer vers elle :

— Oh! je vous en supplie, leur dit-elle d'une voix émue, renoncez à un projet qui me séparerait de vous; je me trouvais si heureuse! Riche de votre tendresse, avais-je à former d'autres désirs? Pourquoi mettre un terme si prompt à la félicité dont j'ai joui jusqu'à présent? Votre Clémentine n'a-t-elle plus une place dans votre cœur?

Mon père, n'aimez-vous plus votre fille ?

— Moi ne plus t'aimer ! s'écria Rothmann attendri.... Mais si ton intention était aussi formelle, pourquoi accepter ce bijou ?

— L'accepter ! ah ! le ciel m'est témoin que j'avais la ferme volonté de le refuser ; je ne sais encore moi-même comment il s'est trouvé dans mon sac.

Un moment de silence succéda à cette scène, dont l'issue paraissait devoir être plus favorable à Clémentine qu'elle n'avait d'abord osé l'espérer ; mais à l'attaque terrible dirigée contre son bonheur, elle avait opposé des yeux gonflés de pleurs et des prières attendrissantes : armes infaillibles qui auraient défendu contre tout autre ennemi cette charmante et vertueuse créature, et qui devaient nécessairement triompher du bon receveur et de son épouse, habitués depuis si longtemps à la chérir et à combler tous ses désirs.

— Mon père, dit Clémentine en embrassant Rothmann, et d'une voix caressante, croyez que le souvenir de vos bontés restera toujours profondément gravé dans mon cœur; que n'y pouvez-vous lire en ce moment toute l'expression de ma reconnaissance!

— Ta reconnaissance! s'écria Rothmann avec feu, au nom du ciel; qu'un pareil mot ne sorte jamais de ta bouche à notre intention! n'est-ce pas nous qui devons tout à ta noble famille? N'est-ce pas le désir seul de m'acquitter qui me faisait sourire à l'idée de cette alliance? Ta reconnaissance! ah! loin de me devoir quelque chose, tu as droit à exiger de moi tous les sacrifices.

— Et moi, interrompit vivement Clémentine, je trouve tant de plaisir à vous regarder comme mes bienfaiteurs, à vous aimer comme mes parens, que vous ne serez pas assez cruels pour me priver de la douceur de vous le témoigner!

— Aimable enfant! dit Marguerite en la serrant dans ses bras; c'est bien là le cœur de sa mère! va, je renonce volontiers à tous ces projets dont se berçait mon esprit; hélas! je n'y voyais pour toi qu'un avenir plus brillant, un sort plus digne de tes belles qualités ; car si je n'écoutais que mon affection, jamais, non jamais tu ne nous quitterais.

— Que je suis heureuse ! s'écria Clémentine; et dans le transport de sa joie, elle allait de l'un à l'autre, et les accablait tour à tour des plus tendres caresses.

— Ainsi, demain, reprit-elle, vous répondrez franchement à Stéphano?

— Je n'ai rien à lui répondre, dit Rothmann, il ne s'est pas encore expliqué positivement.

— Cependant garder le silence, c'est encourager ses démarches.

— Si nous lui renvoyions son présent? dit Marguerite.

— Après l'avoir reçu! ce serait le piquer trop vivement, observa Rothmann; et Dieu sait ce que nous aurions à craindre d'un homme tel que lui!....

— Il me vient une pensée, dit Clémentine; si je gardais la boîte! vous lui remettriez seulement le brillant, en objectant que ce bijou, trop précieux pour moi, ne saurait s'accorder avec le reste de ma parure.

— J'approuve ce moyen, dit Marguerite; Stéphano est assez clairvoyant pour comprendre le véritable sens de ce renvoi.

— La commission sera pénible à remplir, reprit Rothmann; mais il n'est rien que je ne fasse pour ton bonheur; et puisque cet hymen t'inspire tant d'aversion..... demain le brillant sera rendu.

Un baiser fut la réponse de Clémentine, et dans la crainte que de nouvelles réflexions ne vinssent ébranler une résolution qui la rendait si joyeuse, elle s'empressa de remettre le brillant entre les mains de Rothmann.

— Le cœur d'une jeune fille est inconcevable, pensa Rothmann en se couchant; je défie l'homme le plus fin de trouver le fil d'un pareil labyrinthe.

CHAPITRE X.

Clémentine attendait avec une inquiétude toujours croissante le retour de Rothmann; dès le matin, il était allé trouver Stéphano; la bonne Marguerite s'impatientait en pensant que le déjeûner refroidissait; elle n'était pas tranquille non plus sur les suites que pouvait avoir le message dont s'était chargé son mari.

— Nous sommes peut-être bien imprudens ! dit-elle en poussant un soupir ; qui sait où peut aller la colère de Stéphano, et ce que nous avons à redouter de lui, s'il est en effet aussi puissant que tout porte à le croire ?

— Le ciel nous protégera, répondit Clémentine, mais, ô mon excellente mère, éprouveriez-vous quelque regret ?....

— Dieu m'en garde ! je sais trop combien il m'en eût coûté d'épouser un homme que je n'aurais pas aimé, quand même c'eût été un prince ; Stéphano ne t'inspire que de l'aversion, tu ne saurais être heureuse avec lui; eh bien! c'est une affaire terminée, tout doit être rompu entre vous.... mais cela n'empêche pas que mes craintes ne soient peut-être fondées.

— Rassurez-vous, bonne mère Marguerite, la fierté de Stéphano ne lui permettra pas de paraître soupçonner la véritable cause de ce renvoi; il n'exercera point une vengeance qui serait bientôt attribuée au dépit de n'avoir pu se faire aimer, et croira qu'il est de sa dignité de répondre à notre refus par le mépris et par l'oubli.

— Dieu t'entende, ma chère Clémentine! car son mépris et son oubli sont les seuls bienfaits que désormais je désire de lui.... Juste ciel! voilà midi, et Rothmann ne revient pas!

Enfin la porte s'ouvrit et la présence de Rothmann ramena la tranquillité dans l'esprit de Marguerite et dans celui même de Clémentine, qui, bien qu'elle affectât plus de courage que sa mère adoptive, ne laissait pas d'être inquiète d'un retard qui paraissait peu naturel. Les régards de toutes les deux se portèrent aussitôt sur le receveur; mais elles ne purent apercevoir sur sa physionomie aucun signe de trouble ou de tristesse; sa figure était au contraire épanouie et ses joues pleines et rebondies semblaient colorées par un tout autre feu que celui de la colère.

— Stéphano est un homme charmant, un digne ami, dit-il, en s'asseyant.

Les traits de Clémentine se rembrunirent; Marguerite regarda son mari avec étonnement.

— Vous paraissez surprises? Eh bien! oui, je le répète, c'est un digne et excellent ami.

— Vous ne lui avez donc pas remis le brillant? demanda Clémentine d'une voix tremblante.

— Quelle question! Et pourquoi, s'il te plaît, suis-je sorti si matin?

— Tu peux bien excuser ce doute de sa part, dit Marguerite en souriant;

(l'air de bonne humeur et la contenance de Rothmann l'avaient tout-à-fait tranquillisée); moi-même j'ai craint un moment que le courage ne te manquât pour faire un pareil compliment.

—Le courage! apprenez, madame Rothmann, qu'un honnête homme qui remplit son devoir ne manque jamais de courage.

Et en parlant ainsi, il tenait la tête haute, comme pour montrer qu'il savait fort bien, quand la circonstance l'exigeait, se donner un air imposant.

—Comment as-tu été reçu? demanda Marguerite.

— Comme je devais l'être, répondit Rothmann, c'est-à-dire parfaitement.

— Je crois même qu'en préparant ton déjeûner j'ai pris une précaution inutile...

— Tout-à-fait inutile, chère Marguerite; cette fois-ci surtout mon hôte s'est surpassé; car, de ma vie, je n'ai bu vin du Rhin qui pût entrer en comparaison avec celui qu'il m'a fait servir ce matin.

Le feu qui brillait dans ses yeux attestait la vérité de son assertion.

— Mon père, reprit Clémentine, vous ne nous dites pas ce que vous a répondu Stéphano.

— Il a paru un moment affligé; puis

se remettant presque aussitôt : le bonheur de Clémentine, m'a-t-il déclaré franchement, m'est trop cher pour ne pas lui sacrifier le mien ; le renvoi de ce brillant me prouve qu'elle a su lire dans mon cœur, et que tous mes efforts pour toucher le sien ont été inutiles ; cesser de l'aimer me serait désormais impossible ; mais dites-lui bien, mon cher Rothmann.... Il a beaucoup appuyé sur ce mot *mon cher Rothmann*.... dites-lui bien que je ne lui céderai point en délicatesse ; obéissant sans murmure à la loi cruelle qu'elle m'impose, je ne l'importunerai point de mon amour ; j'attendrai que le temps et une connaissance plus intime de mon caractère la rendent moins contraire à mes vœux ; ou, si une telle félicité doit m'être à jamais refusée, qu'elle me permette au moins de me considérer comme son plus sincère ami, et d'en remplir envers elle tous les devoirs.

— C'est en effet un digne homme! s'écria Marguerite; quel dommage que ces deux cœurs-là ne puissent s'entendre!

— Cela viendra, cela viendra, dit Rothmann.

— Oh! mon père, je ne le crois pas, interrompit Clémentine en se précipitant dans ses bras; j'éprouve en ce moment trop de plaisir pour croire que mon cœur puisse changer à ce point.

Rothmann, tout fier de l'énergie de sa démarche, retourna dans son cabinet, de la meilleur humeur du monde, mais conservant intérieurement l'espoir que Clémentine, appréciant mieux celui dont elle refusait la main, deviendrait bientôt raisonnable et que tout se terminerait à son gré.

Depuis ce jour, Stéphano devint plus assidu que jamais chez Rothmann; il lui proposa même de l'aider dans son travail.

— A votre âge, lui dit-il, on commence à sentir le besoin du repos; les calculs surtout exigent une assiduité d'attention qui fatigue la tête, et cette continuelle tension de l'esprit est incompatible avec la santé: la vôtre, mon ami, m'est aussi chère que s'il m'était déjà permis de goûter la douce jouissance de vous nommer mon père.

— Bon Stéphano, répondit Rothmann avec effusion, comment pourrai-je jamais reconnaître tant d'affection et de soins ?.... je n'ose en vérité accepter votre proposition....

— Vous n'osez l'accepter ! c'est-à-dire qu'elle vous a fait plaisir : eh bien ! mon cher Rothmann, c'est une affaire terminée ; installez-moi, me voici à vos ordres.

L'air joyeux et triomphant de Stéphano en s'asseyant devant le bureau du receveur, eût fait croire que c'était à lui-même qu'on rendait en ce moment un important service.

Chaque matin il vint consacrer des heures entières à cette nouvelle occupation ; et chaque fois que Rothmann lui témoignait sa surprise de l'empressement qu'il mettait à un travail aussi aride et aussi fastidieux :

— Une heure employée par moi dans votre cabinet, répondait Stéphano, vous procure une heure de délassement, cette pensée est pour moi d'un charme inexprimable !

Ses manières avec Clémentine étaient en même temps si réservées et si poliment respectueuses, qu'elle eût changé d'opinion sur son caractère, si elle n'avait cru apercevoir quelque chose de peu ordinaire dans une telle conduite. Elle ne concevait pas qu'un homme si ardent et si rusé pût se montrer si doux, si retenu, sans poursuivre quelque plan secret. Cependant, après un mois d'épreuve, cette crainte commençait à s'évanouir; et Clémentine aurait vécu avec son ancienne gaîté et sa tranquillité habituelle dans le sein de sa famille, si un revers beaucoup plus rude que tout ce qu'elle avait éprouvé jusqu'alors, n'en eût détruit la paix et le bonheur.

CHAPITRE XI.

Catastrophe.

Le jour approchait où les registres de Rothmann devaient être mis au courant, et soumis à l'examen de la commission des comptes ; ce moment était toujours redouté par notre bon receveur, qui aimait peu le surcroît de travail, et qui aurait volontiers adopté cette maxime : *que le travail et un mauvais repas sont deux choses auxquelles on ne saurait donner un temps trop court.* Cette fois cependant il éprouvait moins de contrariété qu'à l'ordinaire ; car Stéphano s'était engagé à l'aider dans ses vérifications ; et Rothmann, tout en l'assurant qu'il était vraiment honteux du tracas qu'il allait lui occasionner, se promettait bien en secret d'arranger les choses de manière à ce qu'il n'en gardât pour lui-même que la plus petite part.

Un soir qu'ils devaient mettre la dernière main à l'œuvre, Stéphano attendait que Rothmann fût rentré ; il se trouvait seul avec Clémentine dans le salon, et s'amusait intérieurement de l'embarras qu'elle éprouvait, l'examinant depuis un quart d'heure avec ce sourire du méchant, présage d'un malheur ou d'un coupable dessein. Il se détermina enfin à rompre le silence.

— L'aimable pupille de Rothmann a-t-elle daigné me pardonner?

— Vous pardonner! Et pourquoi, monsieur?

— Ai-je donc tant mérité votre mépris que vous ne vous souveniez même plus d'une démarche que l'amour seul m'avait inspirée?... Je lis déjà le courroux dans vos yeux; ce mot d'amour vous déplaît, prononcé par moi, et cependant ne devez-vous jamais avoir aucune pitié des tourmens que j'endure?

— Permettez, monsieur, que je me retire.... M. Rothmann ne tardera sans doute pas à rentrer.

Clémentine, en parlant ainsi, fit un mouvement pour se lever; Stéphano la retint.

— Restez, mademoiselle; ne craignez point de ma part de nouvelles importunités. Ah! si je n'écoutais en effet que mon cœur, je vous parlerais d'une passion dont rien au monde ne saurait diminuer la violence; je vous représenterais mon esprit assiégé sans cesse de mille pensées désespérantes; je me plaindrais de l'affreuse situation où me plonge votre rigueur, car pour moi désormais plus d'espoir de bonheur, plus de repos. Un seul rêve m'avait offert l'image de la félicité, un mot de vous en a cruellement détruit l'illusion..... Mais j'ai fait le serment de respecter votre volonté, j'y serai fidèle; je renoncerai même à la consolation de plaider ma cause; je sentirai chaque jour le besoin de vous dire que pour pouvoir vaincre mon amour, il faudrait que je vous visse moins parfaite, que mon destin est de vous adorer jusqu'à la mort, et mon ambition d'obtenir un seul de vos regards. Mais je penserai que vous m'avez interdit jusqu'à cette légère faveur, et privé à vos yeux de tout autre mérite, je veux du moins avoir celui d'une entière soumission à vos volontés. Puissé-je, par cette conduite, parvenir du moins à exciter votre compassion et me rendre digne de votre estime !

Rothmann arriva dans ce moment fort à propos pour Clémentine ; elle ne savait que répondre au discours de Stéphano. Celui-ci n'avait en effet rien dit qui pût motiver sa colère ; sa modération, le respect avec lequel il s'était exprimé, auraient même pu faire quelque impression sur son esprit, sans l'invincible aversion qu'elle éprouvait pour lui ; elle fut donc charmée de voir cesser un entretien dont elle prévoyait ne pouvoir se tirer que bien difficilement.

Stéphano se retira après avoir travaillé quelques heures avec Rothmann; et celui-ci annonça que son travail n'étant pas encore tout-à-fait terminé, et son intention étant de consacrer la journée du lendemain à une réunion arrêtée depuis long-temps entre les notables de Gueldau, il se décidait à veiller jusqu'au jour.

La table où la famille avait coutume de déjeûner était préparée depuis une heure, le café se trouvait servi, la fidèle pipe tenait sa place d'usage près de la tasse de porcelaine. Marguerite et Clémentine, occupées de leur travail, attendaient Rothmann qui tardait plus qu'à l'ordinaire à sortir de son cabinet; enfin elles se regardèrent, et leurs yeux semblaient s'adresser les mêmes questions. Bientôt elles se lèvent et courent vers le cabinet. Marguerite ouvre la porte, et frappant doucement sur l'épaule de son mari :

— Mon ami, lui dit-elle, depuis long-temps nous t'attendons pour déjeûner.

Surprise de ne point recevoir de réponse, elle veut relever la tête de Rothmann, qu'elle croit s'être endormi, fatigué par le travail, et pousse aussitôt un cri d'effroi, laissant échapper de ses mains cette tête qui retombe sans mouvement sur le bureau.

Il serait difficile de peindre le désespoir de Marguerite et de Clémentine.

Attirés par leurs cris, tous les voisins accoururent à leur secours; mais l'arrivée du médecin, qui n'attribua d'abord cet accident qu'à une extrême défaillance dont les suites ne seraient probablement pas dangereuses, put seule apporter quelque soulagement à leur douleur.

Cependant l'espérance qu'on leur donnait fut loin de s'accomplir. Quoique Rothmann revînt de cet état effrayant d'insensibilité qui nous tient comme suspendus entre le sommeil et la mort, on reconnut bientôt qu'il avait été atteint d'une attaque d'apoplexie; car lorsqu'il voulut tendre les bras à son épouse qui s'était penchée vers lui, le gauche resta sans mouvement. Sa langue, qui naguère encore prononçait les mots avec tant de volubilité, était également devenue lente et presque immobile. Revenu de sa faiblesse, à peine voulut-il se relever à moitié, qu'il retomba de suite en soupirant, et quand on lui demanda où il ressentait du mal :

— Au cœur! au cœur! répondit-il d'une voix faible.

On n'apprit que le lendemain le véritable sens de cette exclamation.

Marguerite et Clémentine qui se relevaient alternativement au chevet du lit de Rothmann, voyant qu'il avait passé une nuit assez tranquille, commençaient à concevoir de nouvelles espérances...... Lorsqu'il se fût éveillé, il pria Clémentine de s'éloigner, pendant qu'il confierait à Marguerite un secret qu'elle ne devait point connaître.

Clémentine, remarquant l'air triste et abattu de son bienfaiteur, retourna dans sa chambre le cœur plein d'inquiétudes. Mais l'ange qui n'abandonne jamais entièrement l'innocence, même lorsqu'il ne peut détourner d'elle les maux d'ici-bas, lui apporta des consolations, en lui inspirant la force de les supporter.

Elle était à genoux et adressait au ciel de ferventes prières, quand Marguerite, entrant chez elle, la serra fortement entre ses bras et s'écria douloureusement :

— Pauvre malheureuse fille !

— Grand dieu ! mon père a-t-il cessé de vivre ? demanda aussitôt Clémentine en pâlissant.

— Non, répondit Marguerite, non ; Dieu l'aidera, ainsi que nous, à partager ensemble la misère et la honte.

Alors, par son récit qu'interrompaient des plaintes lamentables, elle fit entrevoir à Clémentine le précipice au bord duquel la paix, le bonheur, la fortune de ses parens adoptifs, et toutes ses espérances à elle-même étaient suspendus, et menaçaient de s'engloutir pour toujours.

Rothmann venait de lui découvrir qu'un déficit énorme survenu dans sa caisse le réduisait à la mendicité, et allait nécessairement le faire paraître criminel aux yeux de ses concitoyens. Il s'était amèrement reproché son goût pour la bonne chère et ses dépenses disproportionnées avec ses moyens; ce qui l'avait amené déjà depuis plusieurs années à remplir de temps à autre les lacunes par quelques emprunts secrets mais légers. Le relevé de ses comptes, qu'il avait fait la veille, lui avait porté le dernier coup; il se trouvait en arrière de dix mille florins d'or. Dieu sait comment cela était arrivé!.... il assurait, d'après l'examen des serrures, que rien ne paraissait avoir été forcé; cependant il protestait sur son âme, qui peut-être allait être jugée bientôt, qu'une soustraction seule pouvait expliquer le déficit d'une somme aussi considérable.

— S'il y a du remède, avait-il ajouté, les momens pressent; encore trois jours, et je ne pourrai plus cacher mon malheur à la commission des comptes, et l'opinion publique aura voué mon nom à l'opprobre.

CHAPITRE XII.

L'Hymen et le Lieu de mort.

Clémentine, enfermée dans sa chambre, s'abandonnait à la plus vive douleur ; on vint l'avertir que Stéphano attendait dans le salon qu'elle voulût bien lui accorder un moment d'entretien.

— Que peut-il avoir à me dire ? s'écria Clémentine troublée.

En apercevant Stéphano, elle ne put s'empêcher de frémir.

Mademoiselle, lui dit-il, je viens d'apprendre l'événement fâcheux qui a causé la maladie de Rothmann ; comme son ami véritable, j'en ai été affligé plus que vous ne sauriez le croire ; cependant cette circonstance peut nous devenir à tous favorable, et il suffira d'un mot de vous pour que la joie reparaisse ici sur toutes les figures, en même temps que l'espoir du bonheur renaîtra dans mon cœur.

— Je ne vous comprends pas, monsieur.

— Clémentine, les momens sont précieux ; une longue délibération deviendrait inévitablement la perte de votre père adoptif. Demain les commissaires arrivent ; une heure au plus suffira pour la vérification des registres, et le titre d'homme d'honneur sera dès-lors à jamais séparé du nom de Rothmann...

— Il en mourra, le malheureux ! s'écria Clémentine, les yeux baignés de larmes. Oh ! pourquoi prendre plaisir à me retracer d'aussi terribles images !

— Il en est temps encore, tout peut se réparer.

— Tout peut se réparer ! dites-vous ;

ah, monsieur! et vous tardez à porter à vos amis cette bienfaisante nouvelle! Parlez, je vous en conjure; quel moyen?....

— Il est en votre pouvoir....

— En mon pouvoir!... et je l'ignore! Cessez de vous faire un jeu cruel de mon incertitude.

— Eh bien! dit Stéphano en se jetant à ses pieds, je m'expliquerai franchement. Oui, Clémentine, le sort de Rothmann est entre vos mains, et j'y mets le mien aussi. Ne m'accablez plus de ce froid mépris dont jusqu'ici vous avez payé mon amour; jetez un regard de compassion sur celui dont vous aviez projeté le malheur; ne rebutez plus un cœur tout rempli de vos charmes ; consentez enfin à devenir mon épouse, et je m'engage.....

— Quelle horreur ! s'écria Clémentine en reculant. Et vous avez pu croire que j'accepterais cette infâme proposition ! Qui ? moi ? j'irais me vendre !.... Oh, mon dieu ! à quelles épreuves m'avez-vous condamnée !....

— Vous jugez mal mes intentions, dit Stéphano interdit.....

— Ce dernier trait m'apprend au contraire à vous apprécier. Quoi ! monsieur, c'est ainsi que vous étiez l'ami de mon bienfaiteur ! vous mettez à prix un service qui doit le sauver de la honte et du désespoir ! mon cœur se refusait à vous aimer, maintenant vous n'excitez que mon mépris.

— Il suffit, mademoiselle, répondit froidement Stéphano en se relevant. Demain, vous aurez le plaisir de contempler votre ouvrage; demain, vous vous applaudirez en voyant celui qui vous tint lieu de père mourir sous le poids de l'infamie, Marguerite s'exiler d'un pays où son nom flétri ne lui permettra plus de rester, et traîner un reste de vie dans la misère et le désespoir, sans obtenir même la consolation d'inspirer de la pitié.....

— Arrêtez, Stéphano! s'écria Clémentine; de grâce, épargnez-moi!

— Je suis moins cruel que vous.

même; j'offre de sauver vos amis, vous prononcez impitoyablement leur arrêt!

Clémentine, les yeux levés vers le ciel, et tenant ses mains jointes, garda quelque temps le silence; elle paraissait en proie à de violens combats. Stéphano fixait sur elle des regards triomphans; il semblait trouver dans le trouble et l'incertitude de sa victime une jouissance d'autant plus vive, qu'il était assuré, connaissant son cœur, qu'elle ne pouvait désormais lui échapper.

— O mon dieu! dit-elle enfin en poussant un profond soupir, je ne sais si c'est bien ta volonté, mais je dois le croire... Oui, mon père, s'écria-t-elle dans un soudain transport, tu seras sauvé! Stéphano, voici ma main..... Mais hâtons-nous, je craindrais que mon courage ne m'abandonnât.

Et elle entraîna Stéphano dans la chambre du malade.

— Consolez-vous, ô mon père, dit-elle à Rothmann, dès ce jour vos comptes seront en règle.

— Ne me trompes-tu pas? dit Rothmann d'une voix affaiblie. Mais pourquoi te jouer d'un malheureux?

— Ce n'est point un vain espoir que je vous donne; Stéphano s'engage à combler le déficit de votre caisse.

— Stéphano! serait-il vrai? Ah! je n'attendais pas moins d'un ami tel que vous.... Que ne puis-je reconnaître un tel bienfait !....

— Ce soin me regarde, dit Clémentine, aujourd'hui, mon père, votre main bénira l'union de votre fille et de votre ami.

Sa figure avait repris tout à coup son calme et sa sérénité, et elle paraissait triompher de mille sentimens indéfinissables qui déchiraient son cœur; elle avait surmonté même l'idée terrible d'être *vendue* à un homme qu'elle abhorrait.

Cependant Clémentine désirait ardemment la fin d'une scène si cruelle; déjà elle sentait que ses forces s'épuisaient. Sa main trembla dans celle de

Rothmann. Celui-ci tourna aussitôt vers elle ses regards inquiets ; il la vit chanceler.

— O ma fille, qu'as-tu fait ? s'écria-t-il douloureusement.

Mais l'aimable fille, comprenant la pensée qui l'agitait, se pencha sur son lit, l'embrassa, et tendant la main à Stéphano :

— C'est volontairement, mon père, que je me donne à lui pour épouse, dit-elle d'une voix qu'elle s'efforça de rendre ferme.

Rothmann parut rassuré.

— Que le ciel te bénisse, mon enfant !

Et il plaça ses mains tremblantes sur la tête de Clémentine, qui, agenouillée près du lit, reposait sur le vieillard ses regards pleins de tendresse; un doux rayon du soleil, traversant la chambre, éclairait la physionomie de cet ange de piété filiale. Marguerite, vivement émue, pouvait à peine contenir sa surprise et sa joie.

— O ma Clémentine! s'écria-t-elle en la pressant tendrement contre son sein, veuille le ciel te récompenser comme tu le mérites!

— Stéphano, dit Rothmann en soulevant sa tête et prenant un ton solennel, je vous confie le bonheur de cet ange de douceur et de vertu; si jamais

Clémentine devait avoir à se reprocher le mouvement de générosité qui la rend aujourd'hui votre épouse, songez qu'un jour vous m'en répondriez devant notre juge suprême. Une mère mourante exigea de moi le serment que je serais le guide, le protecteur de sa fille, que je ferais ma plus chère occupation de sa félicité. Ce serment, je l'exige de vous à mon tour, et tranquille sur le dépôt sacré que je vous transmets, je quitterai avec moins de regrets cette terre où mon âme, je le sens à l'épuisement de mes forces, ne saurait faire un long séjour.

— Je jure de remplir scrupuleusement vos dernières volontés, dit Stéphano, sans paraître même hésiter.

— Mon ami, reprit Rothmann, je dois aussi vous révéler un secret peut-être trop long-temps observé. Accusée injustement par son époux, bannie sans pitié par lui, et ne pouvant se résoudre à se séparer d'une fille chérie qu'elle enlevait à sa puissance et qu'il n'eût pas manqué de réclamer, la mère de Clémentine, après avoir trouvé près de moi un asile assuré contre la persécution, avait exigé que son nom restât ignoré. Animé moi-même des sentimens d'un père pour un enfant que je me plaisais à regarder comme le mien, j'ai négligé de remplir un devoir que m'imposait la mort de la vertueuse Emilie : c'était de conduire Clémentine à sa famille et de l'en faire reconnaître. Dieu me pardonnera, je l'espère, en faveur des motifs qui ont dicté ma conduite. Outre la cruelle certitude de me voir ravir l'objet de mon affection, n'avais-je pas à craindre d'un homme qui s'était montré époux barbare, qu'il ne se conduisît en mauvais père?..... Enfin, Stéphano, il ne me reste plus qu'à vous apprendre le nom de celle qui vient de vous être fiancée..... C'est la fille d'un des premiers seigneurs de l'Allemagne, du comte de Lesthein.....

Un coup de foudre n'eût pas produit sur Stéphano un effet plus prompt, plus terrible que ce nom prononcé par Rothmann, dans une pareille circonstance. Une pâleur subite couvrit sa figure; son regard troublé n'osa se porter sur Rothmann ni sur Clémentine ses genoux fléchirent ; il semblait prêt à se trouver mal. Quelques instans lui suffirent cependant pour se remettre ; il reprit une contenance assurée, et s'avançant vers Clémentine :

— La connaissance de votre noble origine, dit-il en lui baisant la main, a pu, mademoiselle, occasionner ma surprise ; elle ne pouvait accroître les sentimens qui m'inspiraient déjà.

Un observateur éclairé, témoin en ce moment des émotions successivement peintes sur la physionomie de Stéphano, aurait cru voir le crime luttant contre un reste de conscience et remportant la victoire.

Le même jour, le pasteur consacra l'hymen près du lit du malade; celui-ci l'avait expressément souhaité comme une condition de sa prompte convalescence.

Lorsque les commissaires vinrent vérifier les comptes, ils trouvèrent tout en règle; Stéphano avait en outre assuré à Marguerite une rente viagère assez considérable; on devine sans peine à qui principalement elle devait un tel bienfait.

Cependant l'espoir que l'apparente guérison de Rothmann avait fait un moment concevoir, ne tarda pas à se démentir; une première attaque d'apoplexie l'avait mis au bord du tombeau, une seconde l'emporta. Quelques semaines s'étaient à peine écoulées depuis que Clémentine avait quitté la maison paternelle après son mariage avec Stéphano, lorsqu'on transporta son père adoptif à sa dernière demeure ; elle suivait le convoi d'un œil d'envie et se disait en soupirant :

— Que ne puis-je aussi reposer à jamais dans cette tombe !

Son âme resta sombre et sans joie ; on ne vit plus reparaître le sourire gracieux de ses lèvres ; une expression mélancolique succéda à la vivacité, à l'amabilité de son regard. Elle ne pouvait apprendre à devenir heureuse auprès de Stéphano...... Comment répondre à sa passion? comment partager ses principes, approuver ses goûts de luxe et de dépense, comprendre son caractère? Sous plus d'un rapport, la conduite et les actions de Stéphano restèrent une énigme à ses yeux; il travaillait avec plus d'assiduité qu'auparavant dans son atelier, où Clémentine elle-même n'avait pas la permission d'entrer; et cependant les produits qui sortaient de son tour ne pouvaient aucunement suffire pour occuper deux hommes des journées entières. De temps en temps il recevait des lettres qu'il paraissait attendre impatiemment, mais dont il ne faisait jamais mention dans ses entretiens. Il n'était plus question de ses biens situés en Italie, mais il faisait ses préparatifs pour un prochain voyage en Hollande, et il annonça enfin à Clémentine qu'elle eût à se disposer à partir avec lui,

CHAPITRE XIII.

Charles et Gustave.

Lecteur, j'ai des torts avec toi, j'en conviens..... mais peut-être les as-tu déjà oubliés; cependant, comme après tant d'assauts il est juste que nous laissions reposer un peu cette pauvre Clémentine, je ne crains pas de te rappeler moi-même que je n'ai point tenu la promesse que je t'ai faite.

. . . .

Ouvre donc le premier volume de cette histoire..... Non, tu n'y es pas encore. Je sais bien qu'en te présentant d'abord une exposition de tableaux, qui jusqu'ici ne paraît se rattacher en rien au sujet, j'ai peut-être commis la faute de piquer ta curiosité sans la satisfaire; mais tu n'auras rien à me reprocher, si tôt ou tard je t'y ramène; ainsi passons..... Ah! fort bien, t'y voici maintenant : ce jeune homme que j'ai paru distinguer au milieu de la foule, et que je t'ai promis de ne pas laisser s'y perdre, parce qu'il pouvait devenir intéressant pour toi, ne réclame-t-il pas depuis long-temps un moment d'attention de ma part? Si, mécontent de mon long oubli, il avait par impatience quitté la salle et qu'il me fût impossible de le retrouver, que de belles choses je perdrais l'occasion de pouvoir te dire! et peut-être, ami lecteur, que d'ennui de moins pour toi!... Mais non, le voici revenu devant le tableau de la belle inconnue ou plutôt il ne l'a pas quitté..On dirait qu'un charme tout puissant l'enchaîne devant cette peinture; ses regards, fixés continuellement sur sa figure angélique, expriment l'émotion la plus vive; le plus touchant intérêt.... Et pourtant qu'y a-t-il de commun entre ce tableau et lui? rien. Il le pense du moins, et s'étonne lui-même du pouvoir indéfinissable qui le tient constamment cloué à la même place. Ne troublons pas la profonde rêverie dans laquelle il semble se complaire; et tout en ayant les yeux sur lui dans la crainte de le perdre une seconde fois, commençons par savoir ce qu'il est. Nous suivrons après ses différentes démarches, si toutefois nous entrevoyons qu'elles puissent dans la suite se lier naturellement à notre sujet principal.

Nous savons déjà que le capitaine Lascy s'était chargé de l'éducation du frère de Clémentine. Formé à l'école d'un brave, le jeune Gustave de Lesthein, dont toutes les actions annonçaient déjà le caractère ferme et entreprenant, montrait un goût décidé pour la carrière des armes. Charles Lascy, né avec une humeur moins belliqueuse, mais également doué d'un génie ardent, consacrait tous ses momens à l'étude de la peinture ; tous deux avides de gloire et de lauriers, ils aimaient à se communiquer réciproquement leur enthousiasme.

— Raphaël, disait Charles, n'a vécu que trente ans, et Raphaël fut le premier peintre du monde.

— Alexandre à vingt-cinq ans était le maître de l'univers, répondit Gustave.

— O mon ami ! si une feuille de la couronne du grand homme m'était destinée !....

— Si mon nom occupait un jour une page dans l'histoire !

— Quels regrets doit éprouver l'homme qui se dit en mourant : J'ai passé sur cette terre sans être aperçu !

— La mort ne saurait m'effrayer, pense au contraire l'homme célèbre ; qu'elle atteigne mon corps, mon nom vivra éternellement.

— Gustave, si pour nous la vie n'était pas suivie du néant !.... Une voix intérieure me dit que nos efforts ne resteront pas sans récompense.

— Ne sommes-nous pas animés d'une noble émulation ? pourquoi ne parviendrions-nous pas ?

— Et que la même amitié nous unisse toujours ; les succès de l'un rejailliront sur l'autre.

— Oh ! oui, soyons toujours amis, et que nos noms, s'ils acquièrent quelque célébrité, soient toujours unis comme l'auront été nos cœurs.

Charles et Gustave atteignaient leur vingtième année, et déjà ils commençaient à se sentir trop resserrés dans l'étroit domaine de Lascy ; déjà leur imagination exaltée voyageait dans une autre sphère ; le beau ciel de l'Italie apparaissait à Charles dans tous ses rêves ; les yeux inquiets de Gustave cherchaient dans toutes les plaines qu'il parcourait les panaches flottans des guerriers, et l'acier réfléchissant au loin les rayons dorés du soleil.

Un soir toute la famille se trouvait réunie au pied d'un vieil orme, sur une colline où elle allait souvent se délasser des travaux et des études de la journée. Lascy prit la parole d'un ton grave ; il s'adressait aux deux jeunes gens :

— Mes amis, leur dit-il, vous avez atteint l'âge où l'homme, obéissant à une impulsion que donne d'abord la nature et que fortifie la pensée, se désigne lui-même le but vers lequel devront tendre par la suite tous ses efforts ; si j'ai su lire dans vos cœurs, tous deux amans passionnés de la gloire, c'est par des voies différentes que vous vous préparez à l'atteindre. Gustave, ton caractère me rapelle trop bien ce que fut le mien à vingt ans, pour que mon intention soit de te blâmer. Si mon nom dans la carrière des armes, ne fut pas entouré d'une grande illustration, il demeura du moins toujours sans tache ; j'aime à croire que le tien conservera sa pureté au milieu des écueils dont tu ne cesseras d'être environné. Pour toi, Charles, une autre gloire a souri à ton imagination ; c'est celle des Raphael, des Vandick, des Rubens. Peu connaisseur en peinture, je ne veux ni ne dois exalter ou rallentir le zèle qui t'anime ; cède à ta propre inspiration, et n'oublie jamais que sur tes succès futurs se fondent la joie et la consolation des vieux jours de ton père.

Lascy se tut un moment ; les deux jeunes gens, surpris du ton solennel avec lequel il leur parlait, se regardèrent sans rien dire, et reportant leurs regards sur lui, attendirent avec impatience qu'il achevât de s'expliquer. Le capitaine, souriant de leur embarras, fit un signe d'intelligence à Marie, qui, moins calme que son époux, ne pouvait dissimuler le sentiment pénible qui l'affectait; puis, présentant à Gustave un rouleau de papier qu'il tenait à la main :

— Voici, mon jeune ami, un présent dont je pense que tu me sauras gré.

Gustave délie le rouleau et le parcourt rapidement.

— Un brevet de lieutenant! s'écria-t-il avec joie.

— Dans trois jours, reprit Lascy, tu dois rejoindre ton régiment ; le ministre n'a pu m'accorder un plus long délai. Dans trois jours aussi, mon cher Charles, tu iras, sous le beau ciel de l'Italie, puiser de nouvelles inspirations.....

— Nous resterons seuls ! s'écria douloureusement Marie ; et une larme qu'elle ne put retenir coula sur sa joue décolorée.

Charles et Gustave s'en aperçurent et s'empressèrent, par leurs caresses, de faire diversion à un chagrin occasionné par une nouvelle qui faisait battre leur cœur de joie.

— Ne m'accuse point de faiblesse,

ô Lascy, dit Marie en serrant tendrement la main de son époux; mais je n'ai pu empêcher mon cœur de parler un moment plus haut que ma raison.... Mes chers enfans, continua-t-elle, en pressant les deux jeunes gens contre son sein, soyez heureux, voilà mon unique désir ; aimez-vous toujours comme vous vous êtes aimés jusqu'à présent ; soyez unis comme le furent vos parens, et que le ciel vous préserve des écueils contre lesquels vint échouer leur bonheur ! Ta mère, bon Gustave, fut ma meilleure amie; c'était un ange !.... et sans doute, dans un plus beau séjour, elle goûte déjà la céleste récompense ; car nous aurait-elle abandonnés si long-temps !.... Conserve bien toutes les vertus qu'elle t'a transmises avec son sang ; sois humain, généreux ; acquiers la gloire de l'honnête homme ; éloigne-toi de celle qui ne se nourrit que de sang, et se plaît dans le deuil et le désespoir des familles.

Trois jours après cette scène mêlée de joie et de tristesse, un morne silence régnait dans la maison de Lascy : Charles et Gustave venaient de partir.

Les deux amis suivirent quelque temps la même route ; silencieux et pensifs, ils arrivèrent à une petite ville d'où chacun d'eux devait prendre une route différente. Après s'être embrassés, ils renouvelèrent le serment d'une éternelle amitié, se promirent mutuellement d'entretenir une correspondance active, et se séparèrent le cœur gonflé et les yeux baignés de larmes. Ils couraient réaliser les rêves de leur imagination, et l'on eût dit qu'ils marchaient au supplice ! Inconséquence étonnante de l'esprit humain ! ou plutôt preuve invincible de cette voix naturelle qui s'élève sans cesse dans le cœur de l'homme, même au milieu du tumulte des passions, et que cherche en vain à récuser cette prétendue philosophie qui n'a donné naissance qu'au froid égoïsme. Quel est en effet celui de nous qui, en s'éloignant pour la première fois du toit paternel, n'a pas ressenti cette impression douloureuse qui neutralise la joie la plus vive, et anéantit les facultés de l'homme au point que son imagination même demeure sans ressources pour suppléer au vide du cœur ?

Laissons s'écouler quelques mois qui ne nous présenteraient rien d'intéressant, et rejoignons Gustave dans la salle du Musée, au pied du tableau de la belle inconnue.

L'heure arrive enfin où les portes du Musée vont être fermées, et Gustave suit lentement la foule, tournant encore ses regards en arrière, comme pour dire un dernier adieu à cette figure enchanteresse qui l'intéresse si vivement. Rentré chez lui, il reste, pendant plusieurs heures, plongé dans une profonde rêverie ; vainement il s'accuse lui-même de ridicule, vainement il cherche de bonne foi à se distraire par d'autres pensées : son esprit se trouve sans cesse ramené vers le même objet ; une seule image se présente à lui, absorbe toutes ses réflexions, et c'est celle de l'*Inconnue.*

CHAPITRE XIV.

Bal masqué.

MINUIT approchait; toute la population de Gand était en mouvement et avait pour but commun le plaisir; car c'était le jeudi-gras, l'un des quatre derniers jours du Carnaval.

Gustave, toujours préoccupé par la même pensée, avait quitté machinalement son hôtel, et, suivant le torrent, pour ainsi dire, sans y songer, venait d'entrer dans la grande salle de la Redoute. Ne connaissant personne, il se promena seul pendant une heure, au milieu d'une foule joyeuse dont la gaîté l'importunait plus qu'elle ne parvenait à le distraire. Quelques masques lui chuchotèrent en passant des propos frivoles et des agaceries auxquels il ne se sentait nullement disposé à répondre.

Etouffant presque de chaleur et de poussière, et fatigué d'errer au milieu de cette cohue de spectres noirs, il se demanda si c'était là un plaisir et un divertissement, et chercha à regagner la porte, après s'être plus ennuyé qu'amusé.

Dans ce moment deux dames masquées montaient l'escalier pour entrer dans la salle; elles avaient toutes deux une taille charmante, beaucoup de noblesse dans leur démarche, et leur costume était aussi riche qu'élégant: un homme d'un âge moyen les accompagnait. Dès qu'elles parurent, un murmure flatteur s'éleva autour d'elles; des groupes de masques les suivirent et tâchèrent, par de fines plaisanteries et par des mots spirituels, de les intriguer et de les faire parler.

Le lecteur ne manquera pas d'accuser notre ami Gustave d'avoir un penchant tout décidé pour le beau sexe;

mais comme, en ma qualité d'historien, je ne saurais me dispenser de dire la vérité, je suis forcé de convenir qu'à l'aspect des deux masques dont la tournure et la démarche seules suffisaient pour exciter une admiration générale, ses idées prirent soudain un essor si rapide, que le souvenir même de la *belle inconnue* en fut un instant dissipé. Loin donc de persister dans le projet de se retirer, il s'empresse de rentrer sur les pas des deux dames au milieu de cette foule tout à l'heure importune, et qui lui semble offrir maintenant tous les élémens du plaisir et du bonheur.

Bientôt plusieurs masques de caractère, également ponrsuivis par les curieux, vinrent à la rencontre de la foule, et augmentèrent tellement la presse, qu'une des deux dames, qui paraissait la plus jeune, et portait un domino blanc noué par une agraffe d'un grand prix, se trouva tout à coup séparée de sa société.

Pendant que ses regards se portaient de tous côtés avec inquiétude, Gustave, remarquant son embarras, s'approcha d'elle avec respect et lui offrit ses services; elle le regarda fixement pendant quelques minutes, puis se penchant vers lui, et prenant son bras avec un air de confiance dont il fut ravi :

— Oserai-je vous prier, lui dit-elle vivement, mais tout bas, de vous intéresser à moi, et de m'aider à chercher les personnes dont la foule m'a éloignée ?

— Commandez, beau masque, et confiez-vous entièrement à moi, répliqua Gustave enchanté ; je suis à vos ordres.

Ils cherchèrent en vain pendant assez long-temps ; fatigués d'être coudoyés et ballottés, ils quittèrent enfin la grande salle, et entrèrent dans un des salons voisins pour respirer un peu d'air et y continuer leurs recherches.

Gustave offrit à sa compagne de s'asseoir sur un sopha et de faire venir quelques rafraîchissemens. Elle s'assit, mais ne voulut rien prendre, assurant qu'elle se trouvait mieux, et qu'elle était presque honteuse de la peur qu'elle avait laissé paraître.

— Et moi, répondit Gustave, permettez que je m'en félicite comme d'un événement heureux pour moi, puisque c'est à cette peur que je dois le plaisir de vous accompagner.

— Je crains, monsieur, d'abuser de votre complaisance ; et pourtant je voudrais vous prier de ne pas me quitter jusqu'au moment où j'aurai retrouvé ma société. Retournons dans la salle pour la chercher encore une fois.

— Eh quoi ! sitôt ? dit Gustave d'un ton chagrin ; me refuserez-vous, si, pour toute récompense, je vous demande encore quelques momens ?

— Soit, pour vous récompenser, répondit-elle avec gaîté.

Et elle reprit sa place.

Ils commencèrent une conversation soutenue des deux côtés avec autant d'esprit que d'amabilité.

Mais bientôt la dame parla de nouveau d'aller chercher ses amis.

— Pardonnez si j'ose me permettre une question; répliqua Gustave, quels sont ces heureux amis? Une mère, une sœur?.... un époux aussi, peut-être?....

— Un époux! Dieu merci, non.

— Vous n'êtes point mariée?

— Je ne le suis plus.

— Comment! déjà veuve dans le premier éclat de la jeunesse que tout votre être trahit!

— Voilà bien les hommes! toujours prêts à nous flatter! Et si je vous apprenais que mon veuvage date de sept ans?

— De sept ans! s'écria Gustave avec surprise, vous fûtes donc mariée bien jeune?

— A seize ans... Mais je vous devine, pour connaître au juste mon âge, il ne vous reste plus qu'à demander combien de temps j'ai été mariée.

— Oh! bien peu de temps, j'en suis persuadé; et je ne vous en plains que plus sincèrement.

— Qui vous dit, monsieur, que je suis à plaindre?

Charles la regarda avec étonnement.

— Les hommes, reprit-elle, sont-ils donc tous si bons ou si tendres? En existe-t-il beaucoup de ceux qu'une femme puisse pleurer?

— Quel jugement sévère! combien serait heureux l'homme qui pourrait éveiller dans votre cœur des sentimens plus justes et plus doux!

— Pour un homme! le ciel m'en préserve!

— Vous en voulez donc bien à notre sexe?

Un soupir fut la seule réponse qu'il put obtenir.

— Si votre époux ne sut pas faire votre bonheur, reprit Gustave, devez-vous juger d'après lui tous les hommes? Entourée sans doute d'adorateurs, car en vain vous croyez vous cacher sous ce masque, le son de votre voix, tant de grâce dans tous vos mouvemens, et ce maintien si noble permettent-ils de méconnaître les puissans attraits de la beauté? N'avez-vous pu en remarquer un seul qui vous parût digne de votre estime.

— Je n'ai point d'adorateurs, dit-elle vivement en l'interrompant; je viens d'un autre monde; personne ne me connaît ici.

— Personne?...... et votre intention....

— Mon intention, interrompit-elle en appuyant, est de demeurer inconnue même après mon départ de cette ville.

— Suis-je compris dans un arrêt si cruel?

— Vous!.... plus peut-être que tout autre.

Cette réponse, prononcée d'une voix ferme et réfléchie, déconcerta tout-à-fait Gustave; cependant son amour-propr en fut piqué.

— Ainsi, reprit-il, malheur à celui que le hasard aurait conduit sur votre passage, et dont le cœur sensible et fidèle....

— Sensible et fidèle ! ce ne sont que des mots chez les hommes.

— Il en est, madame, qui mettent leur bonheur à prouver qu'ils connaissent la valeur de ces mots-là.

— Bon dieu ! je vous quitte sur-le-champ si vous continuez sur ce ton.

— Comment ! vous refuseriez de croire ?...

— La sensibilité ne prend naissance dans le cœur de l'homme que de l'amour de lui-même, et ne s'exerce que sur les maux qui l'affectent personnellement ; quant à la fidélité, il en parle beaucoup, il est vrai ; mais c'est une chaîne qu'il ne se vante de porter que pour en charger sa victime. Grâce au ciel, je suis libre, entièrement libre; je veux le rester, et aucun homme ne me fera rompre mon vœu.

— Un tel dessein est loin d'être généreux, si d'autres, en vous voyant, sont réduits à perdre cette liberté que vous voulez conserver.

— Je ne sais si ma vue est aussi redoutable que vous paraissez le croire; d'ailleurs on me voit trop peu.....

— Que dites-vous? et si, malgré ce déguisement même, le cœur se sent entraîné vers vous par un penchant irrésistible?...

— Monsieur voudrait me faire croire à la sympathie!

— Vous m'avez-vous même forcé d'y

croire aujourd'hui; madame, et dussiez-vous me traiter avec cette cruauté dont vous semblez vous faire une loi, je ne puis contenir plus long-temps un aveu....

— Brisons là, je vous en conjure, ou je cesse de vous écouter.

Et elle feignit de vouloir se lever.

— Vous l'ordonnez, reprit Gustave, je me tairai; je serais trop puni si mon indiscrétion me privait d'une conversation à laquelle j'attache un si grand prix.... Pourtant je ne sais quelle voix intérieure me dit que je résisterais en vain au sentiment que j'éprouve, et m'encourage à espérer....

— Non, monsieur, je ne veux pas

que l'on m'aime, ni qu'on me le dise, et encore moins que l'on puisse espérer.

— Mais, cruelle, que voulez-vous donc? que faut-il faire pour mériter au moins votre pitié.

— Il faut n'être ni fou, ni trompeur, ne pas feindre à l'excès des sentimens que l'on ne connaît souvent que de nom ; il ne faut pas croire qu'avec quelques fleurettes de romans et une douceur étudiée, l'on parvienne à détruire dans l'âme d'une femme raisonnable des résolutions bien prises ; enfin l'on doit attendre avec soumission, avec patience et discrétion, que les idées se soient fixées, jusqu'à ce que peut-être...

— Peut-être! répéta Gustave avec

feu. Oh ! continuez.... tout mon bonheur dépend de ce mot précieux.... j'obéirai, j'accorderai tout, le silence, la soumission....

En prononçant ces mots, les regards de Gustave, animés du feu de la passion et de l'espérance, étaient attachés sur le masque opportun d'où deux beaux yeux noirs, pleins de douceur, semblaient le contempler avec une attention réfléchie.

Sans tenir compte du ton passionné de Gustave, elle continua la conversation et lui dit cependant d'une voix un peu altérée :

— Ce ruban prouve du courage et que vous avez servi.... Êtes-vous encore au service ?

Gustave, déconcerté par une telle froideur, ne put répondre que par un signe de tête.

— Dans quel régiment?

— Comme capitaine de Hulans, dit-il avec un peu d'humeur.

— Etes-vous autrichien?... Votre famille est-elle ici?

— Non, répondit Gustave, qui parvint à maîtriser son émotion. Je ne sais où réside ma famille; mes bienfaiteurs habitent près de Vienne, et je ne suis ici que depuis quelques jours. Je ne connais personne. Je suis libre, sans lien, sans aucun attachement; le hasard m'a amené ici pour perdre mon cœur, ma liberté, mon repos....

— Et pour une cruelle, une ingrate, reprit l'étrangère. Ce sont de ces manières de parler des hommes frivoles.... Mais je suis plus juste envers le sort.... je commence à croire que je lui dois de la reconnaissance.... j'avoue même qu'en ce moment je commence à croire à la possibilité d'obtenir le bonheur dont je suis privée, ce bonheur que depuis long-temps je désire si ardemment....

— Oh! si je pouvais vous exprimer à vos pieds tout ce que cet aveu....

— Cet aveu! dites-vous; que les hommes sont présomptueux!

— Quoi! s'écria Gustave stupéfait, ce que je viens d'entendre....

— Se rattache à une idée qui m'occupe spécialement, et à laquelle vous pourriez bien en quelque sorte n'être pas étranger....

— C'est aussi vous faire un jeu trop cruel de me tourmenter de la sorte!... Oh! si du moins il m'était permis de soulever le masque jaloux qui me dérobe des traits....

— Divins, dans votre imagination, n'est-il pas vrai?

— Que ne puis-je les contempler un instant, lire dans vos yeux, obtenir de vous un sourire!...

— Non, lui répondit-elle avec froideur, vous ne me verrez ni ne me connaîtrez; enfin vous ne saurez rien de moi.

— Quel caprice incompréhensible !...

Elle l'interrompit à cette exclamation.

— Gustave de Lesthein est votre nom ? vous êtes capitaine de Hulans? vous restez encore quelque temps à Gand ?

— Quel intérêt pouvez-vous y prendre, puisque vous ne voulez plus me voir ?

— Qui vous a dit que je ne vous verrais plus? Comme il faut peu de chose pour troubler ces hommes qui se croient prudens et sages ! Je veux vous revoir, oui....

— Eh ! mon dieu ! où êtes-vous donc resté pendant tout le temps? s'écria dans ce moment une dame derrière eux. Nous nous occupons depuis une heure entière à vous chercher au milieu de la foule.

C'était la compagne du beau masque avec son cavalier. Elles se racontent leurs démarches, se font quelques plaisanteries à cet égard, et trouvent enfin qu'il est temps de quitter la redoute. Gustave demande à son inconnue la permission de la reconduire jusqu'à sa voiture; elle prend son bras et suit sa société.

— Ne voulez-vous pas, beau masque, achever votre phrase interrompue? Vous n'êtes donc plus fâchée? reprit tout bas Gustave.

Il serait possible que je visitasse le dernier bal....

— Je mourrai, jusqu'à ce moment, d'impatience et d'ennui.

— Ce serait cependant contre mon plan, interrompit-elle en riant.

— Votre plan ?....

En ce moment la voiture s'approcha du péristyle; l'obscurité de la nuit empêchait de reconnaître sa couleur et ses armoiries; un nègre était à la portière. A l'hôtel! cria-t-il au cocher, et la voiture disparut comme un éclair.

CHAPITRE XV.

Le Domino blanc ne s'explique pas encore.

Gustave poursuivit des yeux la voiture qui lui enlevait sa conquête : que pouvait-il encore faire au bal ? Il rentra donc lentement chez lui ; mais il n'y retrouva pas le repos qu'il avait perdu.

Quelle est donc cette enchanteresse? Sa tournure noble et décente, son esprit orné, son orgueil, enfin ce caractère impérieux qui semble dominer en elle, éloignent toute idée de basse liaison. Mais que veut-elle? Pourquoi allume-t-elle des espérances pour les éteindre bientôt après? Elle a des plans, des projets; elle s'informe de toutes mes relations.... ma connaissance, dit-elle, peut devenir pour elle un bonheur!... et cependant je ne dois jamais la voir ni la connaître! Peut-être s'est-elle moquée de moi... M'aurait-elle pris en effet pour le sujet d'une cruelle raillerie?... comme je me vengerais!.... Mais de qui?.... Si elle ne vient pas mardi au bal, j'ai peut-être pour toujours perdu ses traces..... Cependant le sort ne se jouera pas de moi aussi cruellement ! Ces formes ravissantes, ces grâces dans tous ses mouvemens, ces yeux vifs, cette voix si douce, malgré tous ses efforts pour la contrefaire.... Quel entretien ! esprit, sentiment, imagination, unis aux plus riches connaissances.... quels agrémens répandus sur tout ce qui sortait de sa bouche ! Ces cinq jours seront pour moi une éternité.

Telles furent les pensées qui pendant toute la nuit agitèrent l'esprit de Gustave.

Le jour venait à peine de poindre, lorsqu'il songea aux moyens de retrouver les traces de l'inconnue : il parcourut toutes les rues de la ville et des faubourgs, visita tous les magasins de modes où le beau monde se rend par ennui ou par habitude, alla à tous les théâtres, ne manqua pas un concert, suivit toutes les personnes dont les formes paraissaient avoir quelque rapport avec celles de son inconnue; tout cela en vain. Déjà il se désespérait comme il convient à un amoureux, lorsqu'au matin du jour ardemment désiré, son domestique lui apporta un billet qu'on venait de lui remettre; il était ainsi conçu :

« M. Gustave de Lesthein se sou-
« viendra sans doute qu'il est attendu
« aujourd'hui à la Redoute. »

Gustave fut dans le ravissement. Il

est inutile d'ajouter que le soir il se trouvait un des premiers arrivés.

Il parcourait déjà depuis une heure les salles spacieuses de la Redoute, lorsqu'enfin le domino blanc passa à côté de lui, lui fit un signe, et ralentissant sa marche, quitta sa compagnie et lui prit le bras. On chercha bientôt à éviter la foule pour se livrer plus à l'aise, dans le salon voisin, au plaisir de la conversation.

Ravi de revoir son amante, le regard attaché sur elle, plein de désir et d'espoir, il lui peignit en traits de flamme tout ce qu'il avait souffert, ses recherches inutiles, ses craintes, son impatience....

— Dans ce cas, j'ai été plus heureuse que vous, répondit-elle, car j'ai appris tout ce que je désirais savoir sur votre compte.

— Quoi ! vous vous seriez occupée....

— Oui, je me suis assurée que vous m'avez dit la vérité; cela entrait dans mon plan. Je sais de plus que vous êtes aimé de vos camarades et que vous possédez l'estime de vos chefs, que vous êtes un homme d'honneur, enfin que vous tiendriez votre parole.... même envers une femme.... c'est beaucoup dire d'un homme.

—Le devoir seul le commanderait.... Mais parlons de mon bonheur.... Vous vous êtes donc occupée de moi? vous prenez assez de part à mon sort pour avoir désiré que je sois digne de votre estime, et pour vous être informée de moi?

— Certainement, c'était nécessaire à mes projets.

— Mais ces projets, quand les connaîtrai-je? Je vous en conjure, chassez toute défiance; un mot suffit pour me rendre le plus heureux des mortels, un seul mot, et je suis prêt à vous dévouer ma vie entière....

— Cela me ferait beaucoup de peine; je serais coupable envers moi-même si je vous le promettais, répliqua l'inconnue.

Gustave resta un moment muet; puis lui dit d'une voix altérée :

— Cessez ce jeu cruel. Pourquoi me tourmenter ainsi? pourquoi cette alternative de bonté et de dureté? Le bal d'aujourd'hui est le dernier, continua-t-il avec feu : mais vous ne m'échapperez point; je suivrai vos pas jusqu'à ce que je sois sûr de vous revoir et de mettre à vos pieds mon cœur et mes vœux....

— Non, non, M. de Lesthein, je dois auparavant être assurée de votre docilité et de votre prudence; je vous ferai des conditions, j'exigerai votre parole d'honneur, même par écrit.

— Ma parole! et par écrit! s'écria Gustave, surpris d'une pareille précaution pour un traité à conclure le dernier jour du Carnaval.

Il contempla son inconnue : sa pose paraissait gênée et rêveuse, son émotion était visible ; il croyait presque la voir rougir sous le masque. Elle fixait des regards incertains sur Gustave et semblait se contraindre.

Gustave, jugeant que l'instant décisif était arrivé, devint plus pressant, et lui dit avec le plus vif accent de l'amour et de la soumission :

— Objet indéfinissable, oui, je consens à tout. Je renouvelle le serment que je te fis la première fois, d'être discret, dévoué, soumis ; j'accepte d'avance toutes les conditions qu'il te plaira de m'imposer ; si j'ose en retour m'abandonner à l'espoir de te revoir...

— Ce serait nécessaire, répondit-elle d'un air distrait.

Gustave continua :

— Qu'un doux aveu couronne mon bonheur. Eloignons-nous de cette foule importune ; permettez que j'ôte ce masque envieux, et que je puisse vous répéter plus librement mes sermens d'amour.

Mais elle répondit aux discours passionnés de Gustave, d'un ton de fierté qui lui était propre, et avec une froideur marquée :

— Vous vous trompez beaucoup, M. de Lesthein, vos transports, vos protestations pleines de présomption, me blessent, m'offensent même ; je ne suis pas ce que vous osez me croire, et j'ai des droits à plus de ménagement, de prudence et d'estime de votre part. Je puis cependant vous pardonner, parce que ma conduite envers vous est sans doute singulière ; mais vous devez être docile, vous soumettre à ce que je vous demande, ou vous attendre à ne plus me revoir. Vous aurez demain de mes nouvelles et vous apprendrez mes conditions. Jusque-là, de la patience et de la résignation.

En disant ces mots, elle s'éloigna et se perdit dans la foule des masques.

CHAPITRE XVI.

Aventure nocturne.

On peut penser avec quelle impatience et quelle inquiétude Gustave attendit le lendemain, les dernières paroles de l'étrangère lui faisant naturellement espérer une lettre : comme il comptait avec dépit les heures passées sans qu'il arrivât rien de nouveau !

Enfin, vers le soir on la lui apporta cette lettre tant désirée, et dont il était bien loin de prévoir le contenu.

« M. de Lesthein parut hier désirer » vivement de revoir la dame avec la- » quelle il s'est entretenu deux fois à » la Redoute ; il lui promit de se sou- » mettre à tout ce qu'elle exigerait à » cet effet. Voici les conditions aux- » quelles il peut espérer de la voir se » rendre à ses pressantes sollicitations.

» Demain, à minuit, une voiture » arrivera à sa porte. Une personne qui » possède la confiance de la dame le » conduira au lieu du rendez-vous.

» M. de Lesthein doit consentir à ce » qu'on lui bande les yeux.

» Il ne devra faire aucune question à » son guide, ni chercher à le gagner; » ce qu'il serait d'ailleurs inutile de » tenter.

» Il faut qu'il promette de ne faire » aucun bruit, de ne donner lieu à » aucune querelle; qu'il ne se plaigne » pas de l'obscurité, qu'il n'exige pas » de la dame qu'elle rompe le silence » auquel elle s'est résolue.

» Le guide le reconduira chez lui; » il prendra les mêmes mesures de » précaution. M. de Lesthein s'engage » à ne vouloir rien pénétrer de ce qu'on » veut lui cacher. On lui promet en

» retour, de plus amples communica-
» tions lorsqu'il en sera temps. Il faut
» qu'il les attende patiemment.

» Si M. de Lesthein accepte ces
» conditions, il les signera et remettra
» le papier à son concierge, chez le-
» quel on ira le prendre. »

Gustave, après avoir lu ces détails singuliers, demeura stupéfait; les sentimens les plus divers, les idées les plus opposées l'assaillirent; comment concilier l'excès de circonspection de ce singulier traité avec la promesse de futures révélations? Comment expliquer cette démarche hardie et étonnante avec le ton fier, noble et décent de son inconnue? Il se répétait sans cesse que la prudence et sa propre sûreté lui ordonnaient de se tenir sur ses gardes, que ce serait une folie, une témérité, de souscrire à de pareilles conditions, de s'abandonner à une aventure aussi dangereuse.... Mais d'un autre côté, les formes célestes de son inconnue se présentaient à son imagination ; il se rappelait ces entretiens délicieux qu'il avait eus avec elle, le contraste de sa fierté et de sa faiblesse.... La singularité de cette liaison, sa curiosité excitée au plus haut degré, le romanesque d'une telle proposition ; tout cela réuni aux inspirations adulatrices, séduisantes de l'amour-propre, combattait puissamment les sages conseils de sa raison, et parvint enfin à vaincre son hésitation.

— Tu l'emportes ! s'écria-t-il ; qui que tu sois, être indéfinissable, je te connaîtrai, dût ma vie payer ma curiosité !

Il écrivit aussitôt le billet suivant :

« J'accepte toutes les conditions ;
» seulement j'insiste, de mon côté,
» pour qu'il me soit permis de garder
» mon sabre. »

Ainsi qu'on le recommandait, le billet fut remis au concierge ; on vint bientôt le prendre, et quelque temps après Gustave, reçut cette réponse :

« On vous accorde votre sabre.
» M. de Lesthein n'a rien à craindre
» pour son honneur et pour sa sûreté. »

Jamais une journée n'avait paru à

Gustave aussi longue que celle du lendemain ; déjà, depuis long-temps, il s'était préparé pour le départ, et se promenait avec agitation dans sa chambre, lorsqu'au coup de minuit il entendit une voiture s'arrêter à sa porte. Aussitôt le même nègre qu'en sortant du bal il avait aperçu à la portière de la voiture de son étrangère, se présenta devant lui et demanda s'il était prêt.

— Je vous suis, dit Gustave avec fermeté.

Et se saisissant de son sabre, il monta le premier dans la voiture.

— Permettez, reprit le nègre, en s'inclinant respectueusement et lui présentant un bandeau, que je vous rappelle une des conditions.....

— J'ai promis de les remplir toutes, répondit Gustave, je me soumets...

Il baissa donc la tête et laissa le nègre attacher soigneusement le bandeau sur ses yeux.

La voiture roula à peu près une heure au grand trot.... Que de pensées différentes s'élevèrent dans son esprit pendant ce court espace de temps ! Il me serait difficile de les analyser ; mais permis à chacun de mes lecteurs de se transporter en imagination dans une situation pareille ; et je gage, si l'on veut y mettre de la franchise, n'en pas rencontrer beaucoup qui s'y fussent trouvés parfaitement à leur aise.

Enfin la voiture s'arrête ; et le nègre

s'empare de la main de Gustave, le fait descendre, et le conduit, à travers une longue file d'appartemens, jusqu'à un cabinet obscur.

— Votre bandeau devient désormais inutile, dit le nègre; il vous est permis de le détacher.

Gustave ne se le fait pas répéter, et son premier soin est de chercher à distinguer l'endroit où il se trouve. Cependant de douces sensations rappellent dans son cœur la confiance et le désir; l'air qu'il respire est embaumé par les plus doux parfums; une porte ouverte attire ses regards, et il entrevoit le plus joli boudoir faiblement éclairé par une lampe d'albâtre.

Le nègre, tenant d'une main une

lanterne sourde, lui montre cette porte, et appuyant un doigt sur sa bouche, lui dit d'une voix basse :

— Honneur et silence !

Gustave quitte son sabre et court vers le boudoir. Une dame, dans le plus simple négligé et la tête couverte d'un voile, repose sur un sopha ; c'est son inconnue : son ravissement est au comble ; il se jette à ses pieds.

— Que vous me rendez heureux ! lui dit-il ; mais voulez-vous toujours me cacher la vue de vos divins attraits ? qu'il n'y ait plus de mystère entre nous.

A ces mots, il cherche d'un mouvement impatient à soulever le voile.... Il ne trouve pas de résistance ; mais au même instant la lampe s'éteint comme par enchantement.

— Honneur et silence!

Répète une voix que Gustave reconnaît pour être celle du nègre dont il entend bientôt résonner les pas dans l'éloignement.

CHAPITRE XVII.

L'explication arrive enfin.

Un sommeil bienfaisant s'était emparé de Gustave, et des rêves, non moins enchanteurs que la réalité, berçaient doucement son esprit. Tout à coup il se sent saisir par le bras ; ses yeux s'ouvrent ; quelle est sa surprise !

l'inconnue a disparu, et debout, auprès du lit, est le nègre de la veille, tenant la même lanterne sourde.

— Le jour va paraître, dit celui-ci ; M. de Lesthein est-il prêt à me suivre?

Gustave le regarda quelque temps d'un air irrésolu.

— Non, s'écria-t-il enfin, je ne sortirai d'ici qu'après avoir vu les traits....

— Honneur et silence! fut prononcé dans ce moment par une voix bien connue.

— Honneur et silence! répéta le nègre d'un ton expressif.

Gustave se leva, présenta de lui-même sa tête pour qu'on lui nouât le perfide bandeau, suivit son conducteur et fut ramené chez lui avec le même mystère qu'on avait mis à l'en faire sortir.

Qui pourrait décrire l'inquiétude et les craintes de Gustave, lorsque plusieurs jours, une semaine, et même un mois, s'écoulèrent sans qu'il reçût de nouvelles de sa chère inconnue?

— Comment, se disait-il, l'on n'aurait enchaîné mon honneur, ma probité, par un traité en forme, que pour satisfaire le caprice passager d'une femme sensuelle, sans principes et sans mœurs! Mais non, ce n'est pas possible....; je suis injuste, ingrat, j'ai senti les battemens de son cœur rempli de crainte..... O objet chéri! pourquoi te soustraire à mes hommages! pourquoi devais-tu m'élever au sommet du bonheur, pour m'en précipiter aussitôt! Le souvenir de ces instans délicieux, qui remplit toute mon âme, n'a-t-il donc aucun pouvoir sur la tienne!

Un jour qu'il s'adressait ces questions, et qu'il était absorbé dans les réflexions qu'elles faisaient naître, on lui apporta une lettre en langue française, dont voici la traduction fidèle :

« Quelles illusions je vais anéantir!
» quelles douces espérances seront dé-
» truites! quel charme va s'évanouir!
» Vous croyez avoir remporté la plus
» grande victoire, et l'on n'a fait que
» disposer de vous! votre amour-pro-
» pre s'est flatté d'exercer un pouvoir

» irrésistible sur une femme faible, et » vous n'avez fait que servir ses volon- » tés et ses calculs. Vous prévoyez sans » doute avec quelque impatience l'ins- » tant où vous reverrez votre incon- » nue, où vous pourrez la connaître » de plus près, pour assurer par un » nouveau délire amoureux, par de » nouvelles faiblesses de sa part, votre » empire sur elle!

» Rien de tout cela n'aura lieu. » Tout est fini entre elle et vous.

» Cependant la loyauté et la délica- » tesse de votre conduite méritent quel- » que reconnaissance de ma part : mais » comment pourrais-je mieux vous la » prouver qu'en vous dévoilant main- » tenant avec franchise les plans que

» votre curiosité désirait si ardemment
» connaître ? Comment vous prouverai-
» je mieux que je ne suis pas ingrate,
» qu'en vous communiquant les motifs
» de ma conduite qui paraît étrange,
» bizarre, et même imprudente, mais
» dont j'ose me flatter de n'avoir pas à
» me repentir ?

» Ecoutez. Un mariage inégal, dans
» lequel je n'ai trouvé que gêne, humi-
» liation, violence et injustice, fit naî-
» tre en moi une aversion invincible
» pour les liens de l'hymen qui ne pè-
» sent que sur un sexe faible, et dont
« les hommes seuls abusent ; je fus ce-
» pendant assez heureuse pour être en-
» tièrement libre à l'age de seize ans.
» Riche et indépendante, je fis vœu de

» le rester toujours. Mais je sentis bientôt que j'achetais cette indépendance par la privation des plus doux sentimens de la nature. Je regardai autour de moi, et ne trouvai pas un seul être qui eût besoin de ma tendresse, qui m'aimât réellement et pût trouver de la jouisssance à me le dire.... Mon esprit est vif, mon âme ressent avec chaleur...... Comment m'exprimerai-je?... Il me vient une idée..... de me réjouir du bonheur d'être mère, sans porter des chaînes qui m'étaient odieuses, et dont je m'étais promis solennellement de me préserver. Ne croyez cependant pas, M. de Lesthein, que je veuille jouer ici l'esprit fort, que je regarde les lois et les conventions de la société comme des

» préjugés propres seulement à maintenir l'ordre. Certes, je les respecte ; et si j'ai pu m'en écarter moi-même une seule fois, je vous prie de considérer que ce n'est que pour ce cas unique, et que des circonstances particulières me présentent l'avantage de conserver ma réputation, et de ne pas blesser la loi des convenances.

» Cette idée ne fut d'abord dans mon esprit que vague et craintive ; elle devint plus claire lorsque je vous rencontrai à la Redoute ; et lors de notre seconde entrevue, elle se changea en une ferme résolution.

» Vous savez comment je l'ai exécutée ; et je vous préviens en même

» temps que je vous devrai le seul bon-
» heur qui manquait à mon existence.

» J'avais d'abord le projet de ne pas
» vous faire connaître autre chose. Je
» pensais que vous oublieriez bientôt
» cette aventure avec la légèreté des
» hommes. Néanmoins je changeai
» d'avis, et crus devoir vous donner
» quelques éclaircissemens.

» Quelque part que votre destination
» ou votre devoir vous appelle, vous
» pouvez compter que vous recevrez en
» son temps la moitié d'une bague cou-
» pée dans son épaisseur, sur laquelle
» se trouvera la date de la naissance;
» montée d'un brillant, elle indiquera
» un fils, une émeraude désignera l'au-
» tre sexe; l'autre moitié de la bague

» sera portée par l'enfant, et je pren-
» drai le plus grand soin, pour que,
» s'il venait à me perdre, vous en soyez
» instruit aussitôt. Il sera, dans tous
» les cas, l'héritier de toute ma fortune.

» Je n'ai pas autre chose à vous dire;
» soyez heureux. Toutes les peines que
» vous prendriez pour me découvrir
» seraient inutiles. Quand vous lirez
» ces lignes, je serai déjà partie et loin
» de Gand. Encore une fois, adieu,
» et vivez heureux. »

— Heureux !... s'écria Gustave dans l'accès de sa rage, et laissant tomber de ses mains ce funeste papier; elle me souhaite du bonheur, et elle peut en même temps m'annoncer de sang froid que je ne la verrai jamais!

Nous croyons devoir épargner à nos lecteurs de plus longs détails sur le désespoir de Gustave, ainsi que l'histoire de ses inutiles démarches, chacun d'eux pouvant se figurer sa position et ses nombreuses recherches.

Hâtons-nous donc avec lui, sinon d'oublier tout-à-fait le bizarre domino blanc, du moins de chercher des distractions qui puissent en modérer le souvenir; rentrons, ainsi que lui, dans la salle du Musée, le jour de la clôture de l'exposition; et si l'une des deux inconnues échappe ou paraît échapper sans retour à nos regards, peut-être obtiendrons-nous enfin sur l'autre quelques éclaircissemens satisfaisans.

CHAPITRE XVIII.

Encore le Salon.

La foule des curieux commençait à diminuer ; un petit nombre d'amateurs constans venaient seuls dire un dernier adieu aux tableaux qui leur étaient devenus familiers. Gustave, conduit par un sentiment qu'il lui eût été impossible de définir, et qui ne paraissait point naître d'une simple curiosité, se trouva encore une fois devant cette peinture énigmatique dont personne ne pouvait parvenir à donner la solution.

Il s'agissait d'une affaire de cœur; rien de plus visible; et selon les apparences, elle devait être d'un genre extraordinaire. On ne manquait pas de faire en conséquence mille histoires diverses que chacun inventait, commentait ou augmentait à sa guise; mais on restait dans l'incertitude sur le plus ou moins de vraisemblance de ces explications différentes de l'énigme. Le seul point où le public fût d'accord, c'était la supériorité de cette composition; elle se distinguait en effet de toutes les autres par la pureté du dessin, la fraîcheur du coloris, la force et la grâce de l'expression.

Comme, de ce côté de la salle, plusieurs ouvrages avaient été vendus ou enlevés par les artistes, il en était résulté dans quelques endroits un vide que l'on avait essayé de remplir en transposant et en écartant les uns des autres les tableaux qui restaient. Cette circonstance offrit à Gustave l'occasion de faire une découverte qui lui causa la plus vive surprise; car on avait également changé de place et rapproché davantage des spectateurs le tableau en question; de sorte que les yeux du jeune officier s'étant portés par hasard sur la palette représentée au bas du chevalet, il parvint à y distinguer un nom bien chéri, écrit en lettres presque imperceptibles : c'était celui de Charles Lascy.

On conçoit aisément quelle fut la joie de Gustave dans l'heureux instant de cette découverte : il retrouvait son ami d'enfance, qui, selon toutes les apparences, ne pouvait être bien éloigné, et dont il n'avait, depuis quelques mois, aucune nouvelle ; il acquérait la conviction que son talent perfectionné promettait d'égaler un jour celui des plus grands maîtres ; et à tout cela venait se mêler la jouissance moins noble, mais peut-être non moins grande, procurée par l'espoir de satisfaire une curiosité vivement émue.

Gustave, se rappelant l'avis inséré dans le livret, courut chez le directeur du Musée.

— Je connais le peintre *de la Belle Inconnue*, lui cria-t-il de loin aussitôt qu'il l'eut aperçu, et après l'avoir salué à la hâte; il s'appelle Charles Lascy; c'est mon ami, mon frère : pouvez-vous me dire où je le trouverai?

— Votre ami, répondit le directeur en souriant, a prescrit une autre condition; mais comme elle paraît déjà remplie, je crois pouvoir, sans hésiter, vous faire part de ce qui est à ma connaissance. Charles Lascy était à Gand lors de l'ouverture de l'exposition. Le jour même où les curieux furent admis pour la première fois dans les salles du

Musée, un médecin d'Anvers vint s'adresser à moi, en m'assurant que, selon les plus fortes probabilités, il pouvait donner les renseignemens que l'on demandait. Après un secret entretien, Charles partit de suite avec lui pour Anvers, où vous apprendrez sans doute de lui-même de plus amples détails.

Gustave se rappela le petit homme noir qui, le jour de l'ouverture, avait disparu si promptement, prenant à peine le temps de lui remettre son livret et ne douta pas que ce ne fût là le médecin dont lui parlait le directeur.

A peine eut-il obtenu son adresse, qu'il s'occupa des préparatifs de son départ. Dès le lendemain matin, toutes les liaisons qu'avait pu lui faire contracter un mois de séjour dans une grande ville, furent subitement rompues, et le troisième jour lui découvrit à Anvers les rivages de l'Escaut peuplé d'une forêt de mâts. Le soleil éclairait de ses derniers feux le superbe dôme de Notre-Dame qui s'élevait majestueusement dans les airs, et dont l'enceinte possède une des plus belles productions du grand Rubens (1).

Il était trop tard pour que Gustave pût se présenter convenablement chez le médecin dont le directeur lui avait remis l'adresse. Tandis qu'une barque

---

(1) Chacun des lecteurs a déjà nommé la fameuse *Descente de Croix*.

le transportait à l'autre rive, le souvenir tout vivant encore des jouissances que lui avait procurées quelques mois auparavant la contemplation de cette œuvre immortelle, vint se présenter à son esprit, et il résolut sur-le-champ de visiter le temple.

L'heure sainte des vêpres avait sonné lorsqu'il arriva devant l'église silencieuse et presque enveloppée du crépuscule; il vit défiler autour de lui, sous ses hautes voûtes, les fidèles qui ont l'habitude d'assister à l'office du soir. La plupart de ceux qui composaient cette pieuse réunion étaient de ces hommes qui, succombant sous les travaux du jour et sous les peines de la vie, emportent du moins avec eux sur leur couche grossière et assiégée de soucis difficiles à endormir, un cœur affranchi pour quelques instans de ses inquiétudes.

Dans l'intérieur du dôme, plusieurs personnes répandues ça et là, assisses ou agenouillées, paraissaient encore comme anéanties dans le recueillement de la prière. A travers les arcs et les vitraux, les rayons du soleil couchant venaient se briser sur les autels richement ornés et qui semblaient là non moins érigés en l'honneur de la sainte religion que de ses dignes ministres et représentans dans le culte des beaux arts.

Devant un de ces autels qui, par le tableau sublime qui le décore (1), est le

(1) Chacun des lecteurs a déjà nommé la fameuse *Descente de Croix*.

plus bel ornement de cette cathédrale, Gustave se laissa aller à une pieuse méditation jusqu'au moment où l'obscurité commença. Son extase était causée par la vue de ce morceau célèbre dans lequel, sous des formes attendrissantes, l'amour affligé de quelques amis fidèles descendait doucement le cadavre d'un dieu expiré sur une terre ingrate qui, en échange des bienfaits de son séjour parmi les hommes, ne lui rendit que des épines pour couronne, pour croix un arbre, et un rocher pour tombe.

— Non, s'écria Gustave à demi-voix, le grand Rubens n'a rien fait de plus beau!

— Je le pense aussi; et puisque vous

partagez mon opinion à cet égard, soyez le bien venu.

Ces mots furent prononcés derrière Gustave, à son oreille, et comme il se retournait tout surpris, il se trouva dans les bras de Charles; les deux amis pressèrent l'un contre l'autre leurs cœurs palpitans d'attendrissement et de plaisir.

— C'est toi, oui toi seul que je cherchais à Anvers, s'écria Gustave d'une voix peut-être forte pour la sainteté du lieu.

C'est ce que je présumai lorsque je t'aperçus, lui répondit Charles; et en même temps il l'entraînait vers la porte. Je te suivis et demeurai près de toi, jusqu'à ce que ton regard daignât s'abaisser, du ciel des beaux arts où il planait, sur un faible et humble fils de la terre que je suis et que je resterai toujours. Mais ton amitié ancienne et véritable n'est point changée, ajouta-t-il en sortant de l'église, et pour moi elle est un bien plus précieux encore que la gloire.

Gustave se laissait conduire par Charles et, durant le trajet, tous deux s'adressaient réciproquement une foule de questions auxquelles ils se laissaient à peine le temps de répondre.

— Tu loges dès ce soir chez moi, reprit Charles en s'arrêtant à la porte d'une maison peu éloignée de l'église ;

tout, depuis hier y est déjà préparé pour te recevoir.

— Sans doute, depuis que nous ne nous sommes vus, lui répondit Gustave avec surprise, tu t'es livré à d'autres arts magiques que celui de la peinture et tu te trouves en relation avec quelque bon génie qui t'instruit de tout et t'obéit à volonté.

— Hélas! malheureusement non, répondit Charles en riant, mais bien avec un certain directeur de Gand...

Et il montra une lettre de ce dernier qui expliqua à Gustave la rencontre presque miraculeuse qu'il avait faite de son ami dès le premier moment de son arrivée.

Les offres les plus honorables étaient venues de différentes parts pour le peintre de la *Belle inconnue*; et l'on s'était adressé à cet effet au directeur du salon. Celui-ci, jugeant la chose importante, s'était empressé d'envoyer à Anvers un exprès chargé d'une lettre dans laquelle il annonçait par post-scriptum au jeune artiste l'arrivée de son ami.

— Voilà la première énigme éclaircie, dit Gustave en lui rendant la lettre; mais il en est une seconde....

— Dont la solution, interrompit Charles, ne saurait être donnée aussi promptement.

Les traits du jeune peintre parurent un moment se rembrunir et des larmes brillèrent dans ses yeux.

— Pardonne-moi, mon ami, s'écria Charles en l'embrassant; mon indiscrétion a sans doute réveillé dans ton cœur quelque souvenir douloureux....

— Mon cher Gustave, je suis en même temps l'homme le plus heureux et le plus malheureux; j'ai, par un même évènement, percé le cœur de la plus aimable, de la plus vertueuse des femmes, et fait naître dans le mien l'espoir d'une félicité à laquelle il semblait qu'il ne dût jamais m'être permis de prétendre. Oui, mes larmes sont causées par la douleur, mais ce ne sont que des souvenirs qui les font couler, car aujourd'hui que puis-je désirer encore? Près d'un ami chéri, d'une femme que j'adore, dont je suis le libérateur et qui, calmée par le temps, ne m'opposera plus de cruelles bienséances......

Mais laissons ces deux amis satisfaire mutuellement leur impatiente curiosité et poursuivre une conversation à laquelle il ne leur convient peut-être pas de nous admettre dans ce moment; depuis trop long-temps d'ailleurs, nous nous sommes éloignés d'un objet tout aussi intéressant que peuvent l'être ces Messieurs, je veux dire, de notre infortunée Clémentine à laquelle je demanderai permission au lecteur de le ramener dès le chapitre suivant.

CHAPITRE XIX

Revenons à Clémentine.

Sthéphano venait d'annoncer à Clémentine qu'elle eût à se préparer promptement pour un voyage en Hollande, et sur la physionomie sinistre de son époux, la malheureuse fille d'Emilie avait pu lire une impatience mêlée d'inquiétude qui n'était pas propre à la rassurer.

— Vous ne paraissez pas tranquille, dit-elle d'une voix timide, serions-nous menacés de quelque malheur ?

— Le malheur, répondit-il avec un sourire amer, est un hôte auquel j'espère bien que ma maison ne sera jamais ouverte ; rassurez-vous, madame, mon cœur n'a jamais joui d'un calme plus pur que celui que je goûte maintenant.

Ces paroles furent accompagnées d'un regard dont la sombre expression démentait si bien l'assurance qu'elles faisaient supposer, que Clémentine en fut toute effrayée ; mais, forte de la pureté de son âme et résignée comme l'avait été sa mère, elle réprima son trouble, et ne se permit aucune observation, voulant paraître satisfaite par la réponse de Stéphano. Une voix secrète semblait lui dire qu'entre elle et cet homme, ne devaient point avoir lieu ces épanchemens du cœur qui accroissent la félicité et sont une arme puissante contre laquelle viennent s'émousser les traits aigus de l'adversité.

Cependant à peine se trouvait-elle seule et livrée à elle-même que, donnant un libre cours à sa douleur, elle jetait sur l'avenir un regard plein d'effroi et versait des torrens de larmes en pensant que, si jeune encore, elle avait dû fermer son cœur à toute expectative du bonheur.

Une circonstance, prévue et redoutée depuis quelque temps vint encore ajouter à ses chagrins et l'abreuver de nouvelles amertumes.

Le lecteur se souvient sans doute d'un confident de Stéphano qni passait pour l'aider dans ses ouvrages mécaniques ; il se nommait Lorenzo ; c'était un jeune homme bien fait et qui ne manquait pas d'une certaine instruction ; mais il était aisé de s'apercevoir que ses mœurs avaient quelque chose de moins recommandable que son esprit et ses manières extérieures. Dès son entrée dans la maison de Stéphano, Clémentine comprit de suite que ce Lorenzo n'était nullement le valet de chambre de son époux, comme celui-ci l'avait annoncé d'abord. Loin de remplir aucun de ces services que l'on attend d'un domestique, il parlait à son prétendu maître d'un ton que l'on ne permet point aux gens de cette classe, et il prenait ses repas à la même table que Clémentine et son mari. Ce dernier, pour la satisfaire à l'égard de la présence inattendue d'un tel hôte, crut suffisant de dire quelques mots d'excuse sur les obligations qu'il devait à ce jeune homme, donnant à entendre qu'il lui aurait fait la demande d'une pareille faveur, de manière à ne pouvoir être convenablement refusé.

Entr'autres soupçons qui s'élevèrent dans l'esprit de Clémentine, elle pensa un moment que, sous le masque supposé d'un aide artiste, Lorenzo pouvait être le fils de Stéphano !.... Cette idée du moins servait à la tranquilliser ; mais elle ne tarda pas à être détrompée par une découverte singulière et inquiétante : bientôt en effet, elle ne put se cacher que cet ami de son époux nourrissait de secrets désirs dont ses paroles et ses regards faisaient, de plus en plus, clairement connaître l'objet.

Peut-être la bonne opinion qu'il avait de lui-même l'avait-elle persuadé que les manières obligeantes et affables de Clémentine, qui s'étendaient sur tout ce qui l'environnait, se dirigeaient plus particulièrement sur lui...

Cette réflexion la frappa ; elle changea donc aussitôt de conduite à l'égard de ce jeune homme, et plus sa passion paraissait augmenter, plus elle se montra froide et sévère ; autant du moins que pouvait le lui permettre la douceur naturelle de son caractère.

La situation de Clémentine était d'autant plus affligeante, qu'elle se voyait contrainte de dévorer en silence toutes les sensations pénibles dont elle était affectée. Une bonne, une véritable amie lui restait, dans le sein de laquelle elle eût volontiers épanché ses chagrins ; cette amie, c'était Marguerite, sa tendre mère adoptive ; mais la pauvre Marguerite était accablée déjà de tout le poids de la douleur et d'un âge avancé ! Clémentine, la douce et sensible Clémentine pouvait-elle se décider à enfoncer un poignard dans le cœur de celle qui l'avait comblée de ses bienfaits ?

Un jour que Stéphano, parti dès le matin pour terminer quelques affaires qu'il prétendait avoir dans un village voisin, avait annoncé qu'il ne rentrerait pas avant la nuit, Clémentine s'était enfermée seule dans sa chambre, résolue à n'en pas sortir de la journée. C'est un soulagement pour le malheureux de pouvoir quelquefois répandre des pleurs dans la solitude ; les plus grandes infortunes, lorsque le cœur a pu, sans contrainte, épandre toute sa douleur, finissent par ne plus faire naître que des idées vagues dans lesquelles l'esprit s'égare, et parvient parfois à s'endormir, et cette mélancolie, qui n'est pas sans charmes, devient alors une consolation si précieuse qu'on l'a souvent appelée la volupté du malheur.

Telle était la situation d'esprit où se trouvait Clémentine, lorsqu'en détournant la tête, elle aperçut Lorenzo, debout à l'entrée de sa chambre dont il avait ouvert la porte avec tant de précaution qu'elle ne l'avait pas entendu. Surprise et troublée d'une pareille audace, elle regarda le jeune homme d'un air qui peignait plutôt l'effroi que le courroux.

— Que demandez-vous, Lorenzo? lui dit-elle, d'une voix qu'elle s'efforçait de rendre sévère et qui n'était que tremblante.

— J'ai cédé au désir de jouir le plus long-temps possible de l'apparition d'un ange, répondit-il, et sa posture avait en effet toute l'immobilité de l'admiration.

— Si vous n'aviez aucun message à remplir auprès de moi, reprit Clémentine avec fierté, vous pouviez vous dispenser d'entrer ainsi dans cet appartement ; vous attendrez à l'avenir que je vous en aie donné l'ordre.

— Eh ! quoi ? madame, dit Lorenzo en s'avançant vers elle, serez-vous assez cruelle pour priver un malheureux de la seule consolation qui lui reste ? O ciel ! Et que ferais-je de la vie s'il devait m'être défendu de vous voir ?

— Lorenzo, sortez, vous dis-je...

— J'ai trop parlé déjà pour que mon obéissance puisse devenir un mérite, et je ne serais pas moins coupable, en gardant le silence, qu'en faisant un aveu qu'il m'est impossible de contenir plus long-temps.

Clémentine, indignée, se leva sans répondre et fit quelques pas pour sortir, mais Lorenzo l'arrêta, et se jetant à ses pieds :

— Dussiez-vous m'accabler de tout le poids de votre courroux, s'écria-t-il avec feu, vous m'écouterez, et je n'aurai point laissé échapper cette occasion si précieuse de vous faire connaître tout ce que mon cœur a, depuis si longtemps, tant de peine à comprimer. Oui, madame, Lorenzo a osé porter ses vœux jusqu'à vous; pouvait-il, en vous voyant, ne pas céder à un destin que tant d'attraits rendent inévitable? N'avez-vous pas lu vous même cent fois dans mes regards toute l'ardeur du sentiment que vous m'avez inspiré? Chacune de mes paroles, de mes actions ne vous a-t-elle pas, malgré moi, révélé mon secret? Pourquoi donc aujourd'hui n'essaierais-je pas de plaider ma cause? hélas! Peut-être en vous peignant les tourmens auxquels je suis en proie, parviendrai-je à toucher votre âme bienfaisante! Peut-être accorderez-vous à un misérable quelques regards de pitié. . . . .

Clémentine, rougissant de colère en entendant un tel discours, voulut encore essayer de sortir; Lorenzo se leva, et la saisissant par le bras :

— Si je vous avais vue heureuse, continua-t-il, si dans l'hymen disproportionné auquel a su vous contraindre un homme barbare, et que vous ne connaissez pas bien encore, je n'avais pas vu la perte de vos plus belles années et le signal d'une catastrophe terrible à laquelle vous vous efforceriez envain d'échapper, j'aurais su commander à la passion que vous avez fait naître, et Lorenzo serait mort plutôt que de vous offenser ! Mais vous voir en la possession d'un lâche suborneur ! Souffrir qu'un monstre souillé de crimes.....

— Misérable ! s'écria Clémentine avec horreur.

Et, faisant un dernier effort, elle parvint à échapper aux mains de Lorenzo.

Son premier refuge fut chez la bonne Marguerite ; mais en vain celle-ci, effrayée de l'état où elle voyait sa fille adoptive, l'accabla-t-elle de questions, Clémentine ne lui fit que des réponses evasives, et craignant, par une alarme trop vive, de porter atteinte à une santé déjà chancelante, préféra dévorer en silence le chagrin qui l'oppressait.

CHAPITRE XX.

Secret surpris.

Les dernières paroles de Lorenzo avaient surtout excité l'indignation de Clémentine, mais portaient en même temps le trouble et l'effroi dans son cœur; Stéphano! un lâche suborneur!

un monstre souillé de crimes !.... Etait-il permis à son épouse d'écouter d'aussi injurieuses épithètes ?.... et si pourtant il les méritait ? De toute la manière d'être d'un homme aussi extraordinaire, ne devait-il pas naître mille soupçons terribles, et dès le premier moment de son apparition à Gueldau, n'était-il pas devenu, pour la tendre pupille de Rothmann, l'objet incompréhensible d'une terreur involontaire et d'un invincible éloignement ?

Essayant toutefois de repousser des idées qui ne pouvaient qu'ajouter à la situation pénible de son âme, et n'obéissant plus qu'à la voix du devoir et de l'honneur, Clémentine attendit avec anxiété le retour de Stéphano, et, rentrant chez elle aussitôt qu'elle eut appris son arrivée, s'empressa de lui découvrir tout ce qui s'était passé pendant son absence.

Il resta muet à ce récit ; mais la rage était peinte sur tous ses traits ; son bras faisait des mouvemens convulsifs et semblait agiter un poignard invisible ; la douce Clémentine ne put s'empêcher d'en frémir ; elle se couvrit le visage pour cacher son émotion.

La jalousie et la soif de la vengeance luttaient dans le cœur de Stéphano, contre le sentiment de l'impuissance d'y satisfaire par la punition du criminel.

— Mort et ciel ! s'écrie-t-il, enfin d'une voix terrible.

Et cédant au transport qui l'agite, il s'éloigne en laissant éclater tous les symptômes de la fureur, et se dirige vers le cabinet qui lui sert d'atelier.

Inquiète, et redoutant un malheur, Clémentine le suit en tremblant ; ô surprise ! égaré sans doute par la colère, il a oublié de refermer sur lui la porte du cabinet mistérieux !

Clémentine s'arrête ; son cœur se serre : osera-t-elle enfreindre l'ordre d'un époux dont elle a tout à redouter, et s'exposer à un ressentiment peut-être terrible ?... à peine a-t-elle la force de respirer ! cependant, aucun bruit ne venant à son oreille, elle s'enhardit, puis, vaincue par sa curiosité, elle franchit le seuil d'un pas timide ; mais quel est son étonnement lorsque, dans ce cabinet où elle a vu distinctement entrer Stéphano, et qu'éclaire encore la lueur pâle d'une lampe, elle n'aperçoit personne ; en vain elle le parcourt dans tous les sens, point d'autre issue que celle par laquelle elle vient d'y pénétrer !

Un bruit se fait tout-à-coup entendre au-dessous d'elle ; elle se baisse pour étouter ; dans ce mouvement, son pied heurte contre quelque chose.... c'est une trape mal fermée, et au travers de la fente se font apercevoir quelques rayons de lumière.... Saisie d'effroi, dans un moment surtout où, son imagination exaltée, est constamment prête à entourer d'images funestes la plus légère impression, Clémentine est sur le point de se retirer ; mais au même instant, une voix trop connue se fait entendre : c'est celle de Stéphano.

— Traître, disait-il, est-ce donc là le prix des bienfaits dont je t'ai comblé?

— Tes bienfaits! répondit une autre voix que Clémentine reconnut aisément pour être celle de Lorenzo ; oses-tu bien me parler de tes bienfaits ? lorsqu'à toi teul je dois l'opprobre de ma vie ?

— Jeune insensé ! crains les effets de ma colère....

— Je ne redoute pas plus ta colère que je n'ai de reconnaissance pour ton amitié ; j'ai sur toi l'avantage de la force ; la ruse seule pourrait servir ta vengeance, mais je suis sur mes gardes, et d'ailleurs, entouré de soupçons comme tu l'es déjà, je te défie de m'assassiner.

— Lorenzo !

— Un tel langage est dur. ... tu l'as mérité. Tu crois m'épouvanter par tes menaces ! apprends que c'est à toi de trembler. Homme lâche autant que vil, crois-tu donc, en m'associant à ton infâme métier, avoir détruit entièrement dans mon cœur tout sentiment de courage et de générosité ? La vertu d'un ange justement irrité de mon injurieuse audace, m'a peut-être aujourd'hui trop fait voir, pour ton repos, que la mienne n'était pas tout-à-fait éteinte.... Tremble, te dis-je, je pourrais bien offrir moi-même ma tête à l'échaffaut, ne fût-ce que pour venger la société, en y conduisant un monstre tel que toi !

Les voix continuèrent de se faire entendre; mais le reste de l'explication fut perdu pour Clémentine; elle était tombée sans connaissace sur le parquet......

Elle ne revint à elle que vers le milieu de la nuit; son premier mouvement fut pour se relever et fuir, mais un nouveau sujet de surprise vint plonger son esprit dans la perplexité; elle se trouvait dans son lit, et la clarté de sa veilleuse lui permit de reconnaître parfaitement sa chambre à coucher.

Cherchant donc à se persuader que tout ce qu'elle se rappelait n'était que l'effet d'un songe pénible, et, n'entendant d'ailleurs aucun bruit, elle parvint à s'endormir, se consolant par l'espoir que l'explication, provoquée par elle contre son époux et Lorenzo, n'avait point eu de suite fâcheuse, et que ce dernier, dont la présence lui était devenue encore plus odieuse, serait éloigné de la maison ou du moins de leur compagnie.

Craignant même de renouveler le souvenir de cette querelle, elle ne demanda point le lendemain à Stéphano comment elle s'était terminée.

. . . .

Mais à l'heure du dîner, elle s'aperçut que le couvert de Lorenzo était mis comme à l'ordinaire; en ce moment Stéphano entra.

Peut-être, pour la première fois, un sentiment d'aigreur trouva-t-il accès dans son âme; ses yeux se remplirent de larmes.

— Celui-ci dîne encore avec nous! dit-elle à son mari, en lui montrant la place de Lorenzo.

— Je n'y puis rien changer, répondit-il assez durement; puis il ajouta d'un ton plus doux: Vous pouvez être tranquille ; d'aprés nos conventions, il se conduira plus décemment à l'avenir.

Cette réponse redoubla l'amertume de Clémentine.

— Un homme d'honneur, se disait-elle, ne saurait en agir ainsi.

Mais elle ne donna point, par ses plaintes, de libre cours à ce sentiment ; elle se renferma en elle-même ; ce qu'elle avait essayé de regarder comme un songe se représenta à son esprit sous des formes trop vives, pour qu'elle n'y reconnût pas une affreuse réalité, et elle retourna dans son appartement, le cœur navré de tristesse.

Jamais son malheureux sort ne s'était montré d'une manière aussi visible ;

l'avenir le plus effrayant semblait la menacer. Elle pleurait amèrement, assise auprès de la fenêtre d'où elle pouvait apercevoir la demeure si paisible de son enfance ; la bonne Marguerite parut dans ce moment à la porte de sa maison, et la salua de loin par ses gestes. Un rayon consolant de joie traversa aussitôt son âme ; elle se sentit soulagée en pensant que c'était pour son excellente bienfaitrice, pour son pauvre père adoptif, qu'elle avait tout sacrifié, et n'opposa plus que la fermeté aux sentimens douloureux qui déchiraient son cœur. On se laisse facilement abattre sous le fardeau des peines qu'on s'est attirées ; mais celles qu'on n'a pas méritées font souvent naître un courage et une résignation dont on ne se croyait pas susceptible, et qui en rendent l'amertume moins cruelle.

Clémentine rentra donc dans la salle, le cœur moins agité, et s'assit silencieusement entre deux hommes qu'elle regardait comme également ennemis de son repos. Lorenzo paraissait fortement préoccupé, mais au travers de cette préoccupation, brillait, dans ses regards, un air de satisfaction intérieure qui contrastait singulièrement avec l'expression rude que l'habitude d'une sombre mélancolie avait, depuis longtemps, empreinte sur tous ses traits. Quant à Stéphano, comme s'il eût oublié la scène qui venait d'avoir lieu, il affectait une sorte de bonne humeur; vers la fin du repas, il annonça que, tous ses préparatifs étant faits, il avait fixé le départ projeté pour le lendemain matin.

Nous couvrirons d'un voile de deuil la séparation cruelle et les adieux touchans de Clémentine, et de Marguerite; emportant avec elle ses anciennes douleurs, la malheureuse fille adoptive de Rothmann ne pouvait s'arracher des bras de la seule amie qui s'intéressât vraiment à son sort; un funeste pressentiment l'avertissait trop bien qu'elle allait au devant de nouvelles infortunes!

FIN DU DEUXIÈME VOLUME.

TABLE DES CHAPITRES

CONTENUS DANS LE SECOND VOLUME.

Chap. IX.	Désapointement.	1
Chap. X.	Le Chat fait patte de velours	20
Chap. XI.	Catastrophe.	33
Chap. XII.	L'Hymen et le Lit de mort.	47
Chap. XIII.	Charles et Gustave.	65
Chap. XIV.	Bal masqué,	81
Chap. XV.	Le Domino blanc ne s'explique pas encore.	94
Chap. XVI.	Aventure nocturne.	115
Chap. XVII.	L'Explication arrive enfin.	126
Chap. XVIII.	Encore le Salon.	137
Chap. XVIX.	Revenons à Clémentine.	153
Chap. XX.	Secret surpris.	167

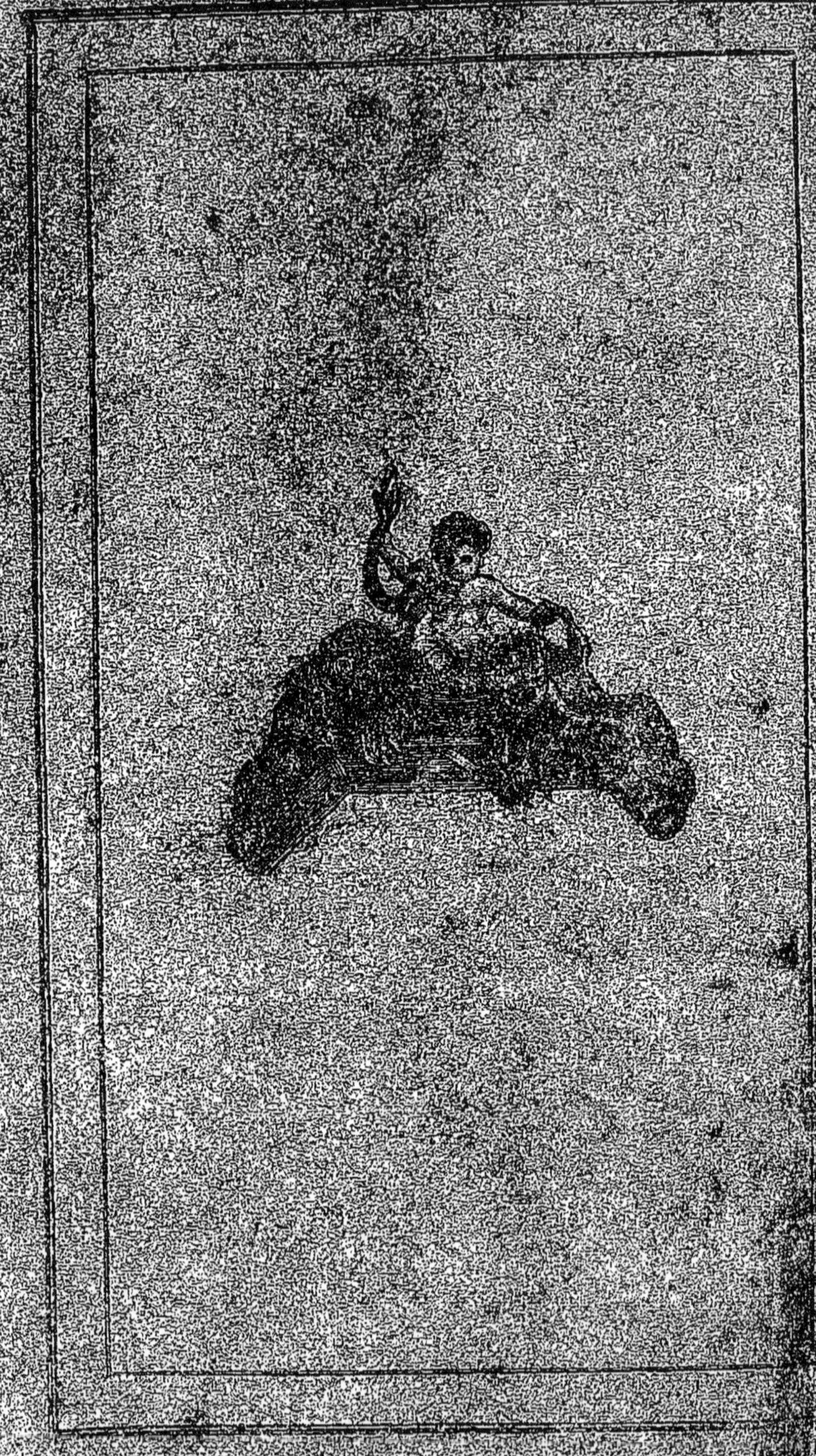

www.ingramcontent.com/pod-product-compliance
Lightning Source LLC
LaVergne TN
LVHW010604110826
845149LV00003B/764

* 9 7 8 2 0 1 2 7 3 8 6 6 9 *